教育部人文社会科学研究规划基金项目（一般项目）

项目批准号：15YJAZH063

促进我国高等教育
公平的机制创新研究

唐海龙——著

中国书籍出版社
China Book Press

图书在版编目(ＣＩＰ)数据

促进我国高等教育公平的机制创新研究／唐海龙著
. -- 北京：中国书籍出版社，2020.10
ISBN 978-7-5068-8134-0

Ⅰ．①促… Ⅱ．①唐… Ⅲ．①高等教育–公平原则–研究–中国 Ⅳ．①G649.2

中国版本图书馆 CIP 数据核字(2020)第 226642 号

促进我国高等教育公平的机制创新研究

唐海龙　著

图书策划	成晓春
责任编辑	李　新
责任印制	孙马飞　马　芝
封面设计	王　斌
出版发行	中国书籍出版社
地　　址	北京市丰台区三路居路 97 号(邮编：100073)
电　　话	(010)52257143(总编室)　(010)52257140(发行部)
电子邮箱	eo@chinabp.com.cn
经　　销	全国新华书店
印　　厂	三河市明华印务有限公司
开　　本	710 毫米×1000 毫米　1/16
字　　数	194 千字
印　　张	11
版　　次	2021 年 6 月第 1 版　2021 年 6 月第 1 次印刷
书　　号	ISBN 978-7-5068-8134-0
定　　价	68.00 元

前　　言

　　"努力让每个孩子都能享有公平而有质量的教育"，是党的十九大报告作出的庄严承诺，2018年《政府工作报告》中也明确提出要"发展公平而有质量的教育"。如何贯彻落实新时代教育事业总体要求，办让人民满意教育，是全国人民关注的焦点之一，其答案就蕴藏在发展公平而有质量的教育中。近年来，我国不断丰厚的物质精神财富为高等教育事业的发展提供了强有力的基础，高等教育也为我国社会主义的建设和发展培育了大批先进人才，但是鉴于历史、经济发展等多方面条件的制约，在高等教育发展中伴随着的诸多问题也亟待迅速而有效的解决措施。

　　高等教育在促进社会进步、经济发展和科技创新的同时又决定了个人的职业选择、社会地位和发展前途,在优质高等教育资源仍然无法普及的当下，能否接受高等教育以及接受什么样的高等教育已经成为人生十分重要的选择。经过对当前高等教育的起点即义务教育阶段，过程即高校学习阶段，结果即高等教育结束后的职业选择等方面对当下的高等教育现状及其影响因素进行分析，结合近年来我国高等教育研究的成果和国外高等教育管理的经验，研究探讨了促进高等教育公平的途径，对当前高等教育公平方面存在的问题提出解决建议，以期能够为政府促进高等教育事业健康发展建言献策：政府应当坚持系统性、可持续发展性、开放性、公平性、动态性和补偿性等原则，从办学者、管理者的角色转

化为指导者、服务者，对高等教育事业进行宏观统领，发挥政府财政和
资源配置职能，创新高等教育管理制度，健全高等教育相关法律，使自
己角色地位清晰，职能清楚，管理适度。由此保障公民公平而有质量的
高等教育权利，促进高等教育资源的合理配置，实现高等教育和全社会
的持续健康协调发展。

本研究系教育部人文社会科学研究规划基金项目"促进我国高等教
育入学公平的机制创新研究"（项目号：15YJAZH063）的研究成果。

目　　录

第一章 问题的缘起

一、选题背景

改革开放以来，我国高等教育迅速发展，成绩卓著。近几年连续扩大招生规模，可见我国高等教育已经实现了大众化目标。一方面高等教育的迅速发展为人们提供了更多接受高等教育的机会；另一方面，高等教育在促进社会进步、经济发展、科技创新方面的作用越来越显现。同时，高等教育创造的知识和文化已经成为社会最重要的资本，高等教育促进个体发展的功能日益凸显，因此，高等教育本身也受到了更多的社会关注。

高等教育在迅速发展的过程中，也出现了一系列问题，其中高等教育公平问题备受瞩目。高等教育具有公益性，是准公共产品。因为高等教育促进了社会的发展与进步，同时，又决定了个人的职业选择、社会地位、发展前途，能否接受高等教育以及接受什么样的高等教育已经成为人生十分重要的选择，因此，政府能否为社会公众提供良好的公平接受高等教育的环境，已经成为社会的热点。

中国共产党十六届四中全会通过的《中共中央关于加强党的执政能力建设的决定》，提出了"建设和谐社会的思想"[①]。

公平与公正是社会主义社会的本质属性，和谐需要社会公平、正义。高等教育公平是社会公平的一个重要组成部分，高等教育公平也是

---

① 本书编写组. 中共中央关于加强党的执政能力建设的决定[M]. 北京: 人民出版社, 2004.

促进社会公平的重要手段和途径，教育不公平是社会最大的不公平，教育不公平对社会发展的影响是长远的，危害是深重的。社会发展中科技是支撑，教育是基础，随着人们对自我发展要求的提高，人们对高等教育公平的要求也越来越高。人们对高等教育不仅有量上的需求，而且，对于接受什么质量的高等教育也有要求。公平是人类追求的永恒目标，也是社会的基本价值取向。因此，公平也应该是高等教育的基本价值取向和高等教育健康发展的基本要求。

高等教育的发展依赖于社会的经济发展，同时，又能促进社会发展、经济发展。高等教育面对存在的矛盾以及不公平现象，应该从现实出发，深刻分析高等教育不公平的社会原因，探讨促进高等教育公平的途径，解决高等教育发展的良好势头与深层矛盾之间的冲突，积极发挥高等教育在社会发展、经济建设和和谐社会建设方面的作用。目前高等教育公平问题已经成为我国高等教育研究的一个重要视点，也应该成为责任政府研究的重要视点。

刘延东在2007—2008年度奖学金颁奖大会上指出："党和国家始终把坚持教育公益性和促进教育公平作为基本教育政策，切实保障全体人民特别是困难群体的受教育权。促进教育公平是一项长期艰巨的任务。"提供公共产品是现代政府的职能之一，高等教育作为准公共产品，在资源分配的过程中既需要政府，也需要市场，并且政府应该承担主要角色。高等教育公平的主要责任在政府，因为唯有政府才有这个能力，既能考虑到整个民族和国家的整体利益，还能考虑到每个受教育者的切身利益。

高等教育不公平，客观方面是社会经济发展不足，高等教育资源不足，主观方面是因为政府责任的缺失，诸如，高等教育体制、高等教育制度、高等教育政策、高等教育法律法规的缺失和不健全等原因，而不是高等教育者和受教育者自身的或自然的原因造成的。随着社会的发展，现代社会和市场经济需要政府职能转变，而目前政府对高等教育的行政行为的变化是滞后的。虽然高等教育不公平问题的产生有其客观的原因，但更直接的原因是政府的体制、制度、政策的偏差或者不健全造成的，而且解决这些不公平问题，也只能通过体制创新、制度创新、政策等政府行为的变化来促进。因此，政府有责任通过制定合理的教育政策完善教育体制，有效地促进高等教育公平，从而带动经济乃至社会的全面和谐发展。

探索和研究我国高等教育公平问题，对我国和谐社会的建设，政府行政能力的提高，对我国高等教育的健康科学发展以及高等教育理论研究都具有重要意义。高等教育的科学发展、公平发展，能够促进社会个体公平地接受高等教育，为和谐社会奠定坚实的人才基础，因此研究促进高等教育公平的政府责任与对策具有较高的理论价值和实践意义。

（一）对此问题的研究有助于和谐社会的构建。高等教育公平作为社会公平的重要组成部分，是和谐社会的重要内容，又是和谐社会的重要基础，能够促进和谐社会的建设，是和谐社会不可缺少的基本因素。促进高等教育公平，使社会个体均等地接受高等教育机会，能使更多的人有良好的发展，也能促进社会公平。

促进高等教育公平，直接关系到社会公平的实现，关系到社会主义和谐社会的建设。和谐社会公平与正义观念在高等教育领域的体现，就在于高等教育能够在提高质量的基础上实现公平发展。高等教育公平理应成为高等教育发展的价值取向。高等教育的发展提升了公民的素养，促进了社会文化的发展，也能够促进社会经济、文化的持续发展，为和谐社会的构建提供基础。

（二）对此问题的研究有助于政府行政能力的提高。"维护和实现社会公平正义，符合最广大人民的根本利益，是我国社会主义制度的本质要求。""要在促进发展的同时，把维护社会公平放到更突出的位置。"现代社会，政府应重新确定自己的角色，规范自己的行为，应该转变政府职能。政府在管理公共教育事务时应该是"掌舵而不划桨"。

高等教育是准公共产品，这一公共性特点决定了高等教育资源需要政府与市场共同承担，并且政府应该承担主要责任。现代社会政府职能的首选目标无疑应该是促进社会成员平等地发展，促进社会的公正与合理。要实现这一目标，政府应该把公平作为执政理念，通过完善制度、调整政策、保障教育资源分配公平，促进高等教育事业的健康发展，从而实现社会共同发展、人民共同富裕，进而促进和谐社会的建设。政府要明确促进教育公平主要责任在政府。

（三）对此问题的研究，有助于促进高等教育持续健康协调发展。由于高等教育理论研究滞后，高等教育的科学发展理念也需进一步加强。随着效率被引进高等教育领域，在公平与效率的关系中有强调效率优先、兼顾公平的价值观念，也有效率与公平对立的观念，因此，处理好公平与效率的关系是高等教育健康发展的重点问题。

在我国高等教育的发展过程中，政策多次调整，每次调整都在一定程度上促进了高等教育的发展。但在高等教育领域内，高等教育的均衡发展方面，高等教育满足人民日益增长的需求方面，高等教育的质量方面仍然有很多工作要做。为了实现建设世界一流大学的梦想，我们确立了重点建设的政策，一方面加快了高等教育的发展，另一方面加剧了高等教育发展的不平衡。高校的重复设置，专业重复建设，模式雷同，造成了高等教育资源的浪费。

教育公平的关键是机会公平，受教育权是公民的基本人权，一个公民接受基本的教育才能实现和行使其他权力。一个人如果失去适当的教育机会，他的其他权利也将无法实现，也将影响到他的社会地位、影响个人的生存与发展，受教育权利的丧失将在社会发展的各个领域内都有体现。

（四）此问题的研究有助于公民权利的保障和个人发展。马克思曾指出："教育是人类发展的正常条件和每个公民的真正利益，教育是每个公民都应该拥有的一项平等权利。"

1983年美国政府报告"国家在危机之中：教育改革势在必行"（A National at Risk: The Imperative for Education Reform）中说："美国人民需要知道，在我们的社会中，个人如不具有新时代所必需的一定水平的技能、读写能力和训练，他实际上将被剥夺公民权，不仅由于不能胜任工作使得物质报酬将被剥夺，而且充分参与我们的国民生活的机会也将被剥夺。"

随着社会的进步、经济文化的发展，科技的作用日益显现，新的社会职业不断涌现。社会职业对人民生活水平的影响也越来越高，竞争趋势越来越明显，就业压力进一步增大。高等教育能够使人们拥有较好的社会地位、职业等级和薪资水平，高等教育在人的发展和进步中的作用越来越重要。因此，能否接受高等教育，能否接受高质量的高等教育决定了人的社会价值。

促进高等教育公平，可以为人们提供均等的高等教育机会，提高社会个体公平的意识，可以促进人类社会的健康和谐发展。

二、高等教育公平理论与实践研究

关于教育公平问题的讨论自古有之，当然这种讨论缺乏系统性，进入20世纪后，教育公平问题才成为人们专门研究的课题。20世纪60年代西方开始了专门研究，而我国对教育公平的专门研究则是在高等教育迅速发展的20世纪末，起步较晚。

关于高等教育公平的系统研究，则是在高等教育规模不断扩大和高等教育大众化实现以后才逐步开始的。随着高等教育的发展，人们接受高等教育的机会不断增加，素质不断提高，民主意识不断增强，加之高等教育对社会进步和社会个体的作用越来越显现，高等教育公平问题的研究成为社会的热点。

（一）关于高等教育公平的理论研究

对高等教育公平本质内涵的研究是高等教育公平理论研究的基础。

高等教育公平是教育公平的重要组成部分，是教育公平在高等教育领域内的延伸。这是学者们比较一致的观点。因此，高等教育的内涵和本质与教育公平的内涵和本质是一致的。由于时代背景不同，研究角度不同，因此，对高等教育公平的理解也不同。

我们从以下几个角度分析：

1.社会学角度。社会学角度的学者们认为高等教育平等主要是指高等教育机会均等。

美国学者科尔曼认为："教育机会均等经历了四个发展阶段，即前工业社会、工业社会、欧洲的自由主义者和社会主义者、自由主义。"[①]因此，"高等教育机会均等包括：（1）进入教育系统的机会均等；（2）参与教育的机会均等；（3）教育结果均等；（4）教育对生活前景的影响均等"[②]。

"瑞典的学者胡森进一步概括了教育机会均等，主要有三方面涵义：（1）起点均等；（2）过程均等；（3）结果均等。"[③] "英国学者麦克马洪提出了教育公平的三类型说：（1）水平公平，指相同者受同等待遇；（2）垂直公平，指不同者受不同待遇；（3）代际公平，指确保上一代人的不平等现象不至于全然延续下去。"[④]

"我国学者杨德广和杨东平也强调教育公平是社会公平价值在教育领域内的延伸，主要包括教育权利平等和教育机会均等两个方面。"[⑤]

2.从伦理学角度。"罗尔斯从社会正义角度，认为公平应该是：（1）每个人都获得最广泛的、与他人相同的自由；（2）个人获得的待遇，其所获得的地位、职位、利益应该对所有人开放；（3）如起始状

---

① 张小红.国内外教育公平主要领域的比较研究[J].景德镇高专学报，2009（3）.
② 张小红.国内外教育公平主要领域的比较研究[J].景德镇高专学报，2009（3）.
③ 张小红.国内外教育公平主要领域的比较研究[J].景德镇高专学报，2009（3）.
④ 张小红.国内外教育公平主要领域的比较研究[J].景德镇高专学报，2009（3）.
⑤ 汪立琼.高等教育公平研究综述[J].江苏高教，2006（3）.

况（收入和财富分配）不同，处于不利地位者的利益应用'补偿利益'的办法来保证。"①

我国有的学者也认为高等教育公平是高等教育现象的一种价值判断。因此，教育公平的实质反映了人们对教育利益与分配是否平等问题的价值判断。

3.从经济学角度。学者认为高等教育公平是利益分配的公正与合理，或者高等教育资源的合理分配。"美国学者斯蒂芬·海纳曼（Stephen P·Heyneman，1996）认为机会均等的实质可以归纳为享有公平使用教育资源的机会，不应该因为就读机会的不平等就减少社会对高等教育的投资。"②

"华东师大陈玉琨认为，从本质上说，'教育公平'是和教育资源的享受联系在一起的。他还从历史的角度分析了教育资源分配经历的三个阶段，即权利公平—能力公平—金钱公平"③。

4.从管理学角度看。教育公平应该是在政策上体现对受教育主体的人格尊重，教育权利与义务的均衡。归根到底是"教育公平是动态的相对的教育平等。追求教育平等和教育公平是当代我国教育政策基本的价值选择。教育政策仅仅具备教育平等与公平的理念远远不够，研究和建立教育政策运行的公平机制是实现教育公平的关键和保障，教育政策和制度创新是解决教育领域不公平问题的基本途径"④，提出了制度创新是实现教育公平的基本途径。

（二）关于高等教育公平实践层面的研究

国外研究情况：

学者科尔曼认为，教育公平不仅要关注教育机会的平等，也要关注

---

① 张小红. 国内外教育公平主要领域的比较研究[J]. 景德镇高专学报, 2009（3）.
② 汪立琼. 高等教育公平研究综述[J]. 江苏高教, 2006（3）.
③ 汪立琼. 高等教育公平研究综述[J]. 江苏高教, 2006（3）.
④ 刘复兴. 我国教育政策的公平性与公平机制[J]教育研究, 2002（10）.

教育结果的平等。因此，主张实施教育补偿政策。"罗尔斯提出了公平三原则，平等自由的原则、机会均等的原则、差别原则。其分配资源的原则是主张能力主义与补偿政策相结合。"[①]

莱伊认为，教育平等同样包含平等的诸方面：第一，平等的对象；第二，平等的资源；第三，平等的目标；第四，平等的原则。[②]詹克斯认为，教育不公平有三个表现：（1）教育资源不平等；（2）学生就业机会不平等；（3）选课机会不平等。造成这种不公平的原因主要有三个方面：一是学校因素；二是家庭环境；三是个人遗传因素。因此提出了学校选择制度。

目前，高等教育已经步入大众化阶段，人们有了更多的接受高等教育的机会，这在一定程度上促进了高等教育公平。随着高等教育在现代社会功能的彰显，高等教育公平问题也成为人们关注的热点，促进高等教育公平已成为时代的呼唤。我国学者在研究高等教育公平问题方面主要有以下几个角度：高等教育资源配置对高等教育公平的影响；高等教育成本分担对高等教育公平的影响；高等学校招生考试制度对高等教育公平的影响；高等教育领域内追求效率对高等教育公平的影响，等等。

关于高等教育不公平的原因，学者从不同的分析角度有不同的观点。总体上说，一般认为高等教育不公平有主客观两个方面的原因。因此，有学者从主客观两方面进行研究。如学者钱志亮认为高等教育不公平的原因，一方面是教育决策的失误，教育资源的配置不合理；另一方面主要是经济社会发展的差异、个体差异等。学者刘复兴认为，解决的根本途径是制度创新。学者陆根收、钱宇平等从客观方面特别是经济支付能力方面分析高等教育不公平的原因。

关于促进高等教育公平的对策方面，学者们由于分析的角度不同，

---

① 汪立琼. 高等教育公平研究综述[J]. 江苏高教, 2006（3）.

② D. Rae, et al（1980）. Equalities Cambridge Mass Haravd University Press, chpl, chp2, chp3, chp4.

促进公平的对策各不相同，如：（1）转变政府职能，规范教育政策，通过制度创新，促进高等教育公平。（2）"高等教育资源的配置上，大多数学者认为根据当前的国情，坚持'效率优先，兼顾公平'的原则的时候，不能一味发展而不顾公平"①；（3）应该制定合理的高校收费制度标准，建立和完善高等学校学生资助体系，建立弱势群体补偿机制，防止出现因学生贫困不能上学的情况；（4）高等教育区域发展不平衡是高等教育不公平的重要原因。因此，学者主张均衡发展高等教育，加大薄弱地区高等教育经费的投入，实现高等教育多元化，大力发展远程教育。有学者主张，高等教育公平应该承认差异、尊重意愿、区分对待、因材施教。

三、研究思路

高等教育公平是社会公平的重要组成部分，美国教育家贺拉斯曼曾说："教育是实现人类平等的伟大工具，它的作用比其他任何人类发明都大的多。"高等教育公平的缺失或损坏必将对社会公平带来更多的影响，并将深刻地影响着社会的和谐与稳定。

本文拟以马克思主义基本理论、观点和方法为指导，从实现高等教育科学发展的视野，从高等教育公平的政府责任的角度，紧密结合我国经济、社会发展的实际，分析高等教育不公平的原因，有针对性地提出政府保障、促进高等教育公平的具体实现途径，从高等教育公平目标的实现状况中探究高等教育公平的社会价值和实现意义，在探究中逐渐达成共识。政府通过高等教育体制、制度、政策来促进高等教育公平目标的实现，体现了我国政治生活的本质属性，体现了现代民主社会责任政府的价值，也展示出强烈的人本关怀和现实诉求。

所以，从政治经济以及制度政策的视角来分析高等教育公平问题，

---

① 汪立琼. 高等教育公平研究综述[J]. 江苏高教，2006（3）.

能更好看到人们对高等教育公平的诉求与政府责任具有内在统一性。为此，本文的基本逻辑：围绕着"在政府责任的视角下，什么是高等教育公平，高等教育公平的现状、问题以及问题产生的深层原因，总结出通过完善政府的政策来进一步促进高等教育公平"等问题依次展开讨论，力求为实现高等教育公平的永恒目标，提出建设性意见及其实现途径。

第二章　高等教育公平及其价值追求

胡锦涛在《中国共产党第十七次全国代表大会上的报告》中指出"教育是民族振兴的基石，教育公平是社会公平的重要基础"。温家宝总理在十四届全国人民代表大会第四次会议答记者问时说："公平正义是社会主义的本质特征，也是社会稳定的基础。要给每个人以受教育机会，充分发挥人的独立思维和创造精神。因为只有人民有积极性，我们的改革和建设才有坚实的基础，从这个意义上说，这也是民主的真正含义。"

高等教育是我国教育体系中的重要组成部分，担负着培养我国最高层次的决策者、管理者和科学研究的中坚力量的重要使命。因此高等教育公平的实现将直接影响着高等教育本质属性，影响着为社会主义事业培养优秀建设者和接班人的大任。

《国家中长期教育改革和发展纲要》（2010—2020）指出：教育公平的主要责任在政府，全社会要共同促进教育公平。改革开放以来，高等教育发展成就显著，高等教育规模、质量都有了较快的发展，高等教育也从精英化阶段进入大众化阶段，人们接受高等教育的机会不断增加。同时，高等教育本身也受到更广泛的关注，现代社会知识与文化已经成为十分重要的资本。能否接受高等教育以及接受何种质量的高等教育都将影响到人们的社会地位、社会价值、就业收入。高等教育决定着人们的社会地位和职业等级，因此，人们不断地通过接受高等教育来改变自己的社会地位和职业等级。

在现代社会中，高等教育关系到每个人的切身利益，涉及每个人的成长与发展，是否能够接受高等教育、接受何种质量的高等教育，对人生起着决定性的作用。而高等教育公平是关乎人们能否接受高等教育，接受什么样的高等教育的关键。世界高等教育发展的历程表明，高等教育是文明和社会进步的产物，制度是文明社会的标志。因此，解决高等教育不公平问题，还得通过制度的不断完善来促进。

促进高等教育公平，实现高等教育的公平与公正，体现科学发展观，落实以人为本的教育理念，是当代社会普遍关注的热点问题。目前，我国高等教育领域出现了一些不公平现象，对此人们观点很多，看法不一，主要表现为入学机会的不平等，高等教育资源分配的不平等，高等教育结果不公平等。众所周知，没有高等学校入学机会的平等，也就没有高等教育的公平可言。现实中造成入学机会不平等的原因很多，包括高考政策、收费制度以及招生过程中的规则不清、程序不规范。高校教育资源配置的市场原则与教育过程的不平等，致使经济条件差的学生在公共高等教育财政分配中处于不利地位。这些高等教育不公平现象大多源于高等教育的制度性障碍，实质就是高等教育制度的不完善，以及高等教育政策的偏差。

中共十六届四中全会通过的《中共中央关于加强党的执政能力建设的决定》提出了建设和谐社会的思想，《决定》指出，"要适应我国社会的深刻变化，把和谐社会建设摆在重要位置上，注重激发社会活力促进社会公平和正义"[①]。

公平正义是社会主义社会的本质属性，建设和谐社会是中国特色社会主义的必然要求，也是时代发展的期待。和谐体现为公平与公正，高等教育公平作为社会公平的一个重要部分，也是实现社会公平的重要手

---

① 新华网. 第十六届六中全会公报（全文）[EB/OL]. （2006-10-11）[2006-10-25]. http://news.sina.com.cn/c/200610-11/181910209684s.shtml

段和途径，对促进我国和谐社会的建设起着重要作用。

教育公平是实现社会公平的基础，教育不公平加剧了社会不公平，也危及了社会公平的底线。公平已经成为现代高等教育的基本要求和重要的价值取向，也成为评价高等教育发展和社会发展水平的一个基本标准。

高等教育不公平主要是高等教育体制、高等教育政策、高等教育法律法规等的缺失、不健全造成的，而不是教育者和受教育者自身的或自然的原因造成的。社会在转型，政府职能在转变，而政府对高等教育的行政行为的变化是滞后的，政府对高等教育的管理有浓厚的计划经济色彩。高等教育发展中的问题，高等教育的不公平问题许多就是由于体制、制度、政策的缺失和不健全造成的，这个问题也只能通过体制转变、政策调整、制度创新来解决。因此，政府应通过合理配置高等教育资源，制定合理的教育政策，加强对高等教育发展的监督与评估，完善教育体制，为高等教育健康发展创造优良的社会环境，有效地促进教育公平，从而带动经济乃至社会的全面和谐发展。

一、高等教育公平相关概念阐释

（一）教育公平的含义

1.公平的含义

公平是人类的崇高理想和永恒的价值追求，公平也是衡量社会进步的重要标准。公平是人类最古老的概念之一，也是争议最多的概念之一，从字面上理解就是公正、平等，在《现代汉语词典》中"公平是指处理事情合情合理，不偏袒哪一方面"，有人说是指机会平等，有人说结果必须平等，有人说应用收入均等来衡量等等。其内涵需要在特定的历史时期和社会环境下来诠释。

在历史的长河中，人们对公平的认识和理解各不相同。老子提出"不患寡而患不均"的平均主义思想；墨子提出的绝对平均主义思想是一种空想的平均主义；荀子提出了差别下的公平思想。农民阶级提出绝对平均主义的平等观念："等贵贱、均贫富"，是反封建反压迫的集中体现。

西方社会，关于公平的观点主要指正义论的观点，古希腊哲学家柏拉图就是代表。他的思想主要体现在其代表作《国家篇》中，他提出"正义论"，"正义就是做自己分内之事和属于自己的东西"。^①在柏拉图看来，正义就是三个等级的人在社会中各司其职、各守其序、各得其所、互不干扰。柏拉图的正义论是以善为旨归，以自身为目的内在于公民的灵魂之内。通过正义规范公民的行为，指导公民的社会生活。

此外，还有天赋平等论和法权平等论。

天赋平等论主张人生来就是自由的、平等的，是没有差别的。这种平等是天赋的公平，是自然的。在社会发展中，后来出现的私有财产和社会贫富不均，是由于政治权利的不平等。因此为了天赋平等，应该推翻暴君和专制，实现在法律面前财产分配上的人人平等。

法权平等论主张人人享有平等的、一样的政治自由，人人享有思想和言论的自由与平等。私有财产不可侵犯，政府有义务保护私有财产的不可侵犯。保护言论和思想的自由。马克思说："权利决不能超出社会的经济结构以及由经济结构所制约的社会文化的发展。"

因此公平是具体的、历史的，是一定历史时期的公平，从来没有也不存在绝对的、永恒的、统一的公平。公平从本质上说是一个历史范畴，不能超越生产力的发展水平，公平的内容也随着社会的发展，人们观念的变化而变化。因此，公平是人类社会生活的希望所在，反映了人们对于美好生活的向往与表达。

我们从以下几个角度分析公平：

从伦理意义上讲，公平更多地应理解为公正、合理，要求每个人都

---

① [古希腊]柏拉图. 国家篇[M]. 王晓朝, 译. 北京: 人民出版社, 2003.

拥有平等的生存、发展的权利。公平是指调节人们之间的社会关系、财产关系的规范之一，本质是如何处理社会经济中的利益关系。

从法律意义上讲，公平指权利和义务的对称。

从社会意义上讲，公平指处理事情合情合理，不偏袒任何一方，也就是说社会成员之间社会地位、经济收入、消费水平等不能过于悬殊，应该基本相等。要符合常理，符合大多数人的期待，并且收入分配能保证每个社会成员最基本的生活需要，也不致于由于贫富差距过大而引起两极分化。

从经济意义上讲，公平主要是指如何处理经济活动中的各种利益关系，或者说资源的公平与分配，一般认为，公平主要包括三个方面的内容。

一是起点公平。起点公平是最起码的条件上的公平，指在相同的机制设置和规则约束下，人人享有同等的权利和机会，从而摒弃了先赋性因素造成的不平等情况。

二是过程公平。也就是在机会均等，在遵守已经制定好的规范、制度和法律或者说竞争规则相同条件下，每个社会成员获得与自己投入相等的利益，也就是等量劳动获得等量报酬，等量资本获得等量利润。

三是结果公平。结果公平是对分配结果而言，即每个社会成员利用自身智力和能力的努力后最终得到的利益相当，差距不大。

公平是现代社会的最高价值，也是对社会成员的基本要求，公平的原则调整着社会成员之间的社会、经济关系和财产的分配关系。公平是与一定的社会、经济发展相适应的，不能脱离时代背景和社会现实讨论公平。在现实生活中，公平强调了人们之间利益和权利分配的合理化。

"公平有狭义和广义之分，狭义的公平专指对合理的社会制度、规范、原则和政府政策、行为的反映和评价；广义的公平是指对人们之间合理的社会利益关系的反映和评价。因社会制度、规范、原则、政府政策与行为等本身涉及的就是人与人的社会利益关系，是人与人社会利益关系的具体体现，因而，狭义公平包含在广义公平中。" ①因此，我们可以从以下几个层次上看公平：

第一，权利平等。权利平等是最基本的公平，是公平的基础，权利平等是社会公平正义的基本要求。权利平等不承认凌驾于法律之上的任何特权，一切主体享有相同相等的权利，这种权利强调不分性别、出身、身份、地位、职业、财产、民族等条件，都享有平等的生存权、发展权，从而保证所有社会成员以平等的起点融入社会。

第二，机会公平。机会公平是公平的核心。机会公平强调的就是大家在一个起跑线上，同时在比赛规则上应该体现对弱者的照顾。机会公平是实现权利平等的前提。"在社会权利的分配领域，应当区分两种性质不同的机会均等：一种是直接分配性质的机会均等，一种是竞争性的、开放性的机会均等。"②机会公平有利于调动和发挥每个人的积极性，挖掘人的潜能，因为机会公平意味着要满足人的不同层次需要和不同人的不同层次需要。这就要求社会制度安排中要保证所有机会是均等的，并尽可能为社会提供更多的机会。

第三，分配公平。主要表现为个人消费品与分配的相对公平，要求社会成员之间的收入差距不能过于悬殊。分配公平是任何时代、任何社会的重要问题。一般人们通常以社会财富分配是否合理作为评判社会公平与否的标准，所以，传统思维"不患寡而患不均"指分配是否公平不在于有没有差距，而取决于这种差距是否合法、合情、合理、合乎民意。因此，分配原则应以人为本，建立合理的分配政策和制度。分配公平能够促进效率的提高，能够促进社会稳定和有序的发展。

第四，规则公平。规则是解决效率与公平的唯一手段，规则是制度问题，规则公平是社会主体参与社会活动、社会竞争的前提。规则是大

① 金龙. 教育公正新解[D]. 华东师范大学, 2006.
② 陈少峰. 正义的公平[M]. 人民出版社, 2009: 205.

家共同遵守的制度，只有规则公平，才能起点公平，才能有权利公平、机会公平。规则公平是保障效率与和谐的基础。所以，文明社会要有合理、公平的规则、制度，并保证在规则面前社会主体没有特权，一律平等。

第五，社会保障公平。缓和社会不公平，创造并维护社会公平，是社会保障制度的出发点和归宿点。因此，要建立健全覆盖全社会的保障体系，保证人的生存权、发展权。社会发展过程中，总会有"强势社会群体"和"弱势社会群体"，保护"弱势社会群体"的生存和发展是政府和社会的责任，是社会发展的需要，也是建设和谐社会的需要。

要实现权利平等、机会公平、分配公平就必须有规则公平来支撑，规则公平保证了大家在同一起跑线上。同时我们必须通过保障公平来维护社会弱势群体的竞争机会，从而保证效率的提高，最终实现大多数人的最大公平。

2.教育公平的含义

"公平是人类永恒的追求目标。作为公平的子概念的教育公平，是对教育领域中人与人之间社会关系的基本认识和主观价值评价，是社会公平价值在教育领域的延伸和扩展，是指每个社会成员在享受公共教育资源时受到公平和平等的对待。"[①]时代发展到民主社会，主张人人平等的时代，教育已经不是少数人的特权，教育成为人的基本权利。获得教育公平也已经成为人的基本权利，这已是现代社会人们普遍认同的基本价值理念。教育公平一直被视为实现社会平等的"最伟大工具"，[②]教育公平对社会稳定具有调节作用，是社会充满活力的助推器。教育公平是社会公平的重要体现，是实现社会公平的重要手段，教育公平也是现代教育的基本价值理念。

---

① 张宝山, 姜德则.教育公平问题之探索（上）[J].科教文汇, 2007（1）.
② [瑞典]托尔斯顿·胡森.学校和社会政策的目标[A].国外教育社会学基本文选[C].上海华中师范大学出版社, 1989.

人类的教育活动本身在不断地进行着演化和发展，人们对教育的认识也在不断地深化和发展，教育公平的概念也呈现出动态的发展趋势，随着社会的变化，对教育公平的认识也不断完善和丰富，因此在不同历史阶段的教育公平具有不同表现和内涵。

教育公平的思想自古有之，并不断发展，随着社会的进步与发展，人们对教育公平的认识越来越深刻，对教育公平思想的认识也不断丰富和完善。我们在人类发展的历史中考察，在奴隶和封建社会，虽然很少有人明确提出教育公平的概念，但教育公平的思想是存在的，我们可以从古人的学说或言论中看到。

我国古代的思想家孔子提出了"有教无类""因材施教"的朴素的、平等的教育观点，其观点和主张就体现了古代社会朴素的教育公平理念。在古希腊，公平主要被理解为一种和谐或平衡，在西方教育发展中，柏拉图主张"初等义务教育"理念；亚里士多德主张"通过法律保障公民教育权利"的理念；文艺复兴时期维多利诺主持"和谐教育"理念；空想社会主义思想家莫尔的"建立能使所有儿童都接受学校教育的公共教育制度"的理念以及捷克教育家夸美纽斯的"教一切人一切知识"的观点都或多或少地折射着教育公平的思想光芒。

在近现代的西方有三种不同的教育公平观，即保守主义的教育公平观、自由主义的教育公平观和激进主义的教育公平观。

研究表明，美国学者科尔曼和瑞典教育家胡森在现代教育公平理论研究中提出了"教育机会均等"的主张，他们认为教育机会均等即教育公平，并对教育机会均等进行了概括。科尔曼主张应该创办面向劳动子女的义务教育，为所有儿童提供相同的教育机会，实现教育机会均等，进而追求教育结果均等。科尔曼也提出教育机会均等的实现是个过程，是一个永远接近的过程。

而胡森则认为平等就意味着每个人都有受教育的机会，并以平等为基础对待不同人种和社会出身的人。同时，在教育过程中关注人的差异性，从而促使学业成就的取得，这种平等目标不仅取决于人的因素，同时还取决于社会和学校的物质条件、家庭背景、学习环境、社会地位等各种学校内外部的因素。

随着学术界研究的一步步深入，目前对教育公平的内涵比较一致的观点是，教育公平包括起点公平、过程公平和结果公平三个层面。

其一，起点公平。即入学机会均等，指国家通过法律的形式确定接受教育是每一个公民应有的天然权利，这项权利的获得与拥有不会因为公民自身的经济地位、性别、民族、肤色、职业、出身、信仰、居住环境等而有差异和不同。就是要求尊重和保护人的基本人权与自由发展的权利。

其二，过程公平。它是起点公平的延续又是结果公平的必要前提。即进入某一个国家或地区教育体系的学生在接受教育的过程中享受着与学校类型层次相一致的校园校舍、硬件设施、师资力量等客观教育条件，以及尊重学生心理与个性特征的因材施教模式，使得学生不至于因为自身的先天因素在受教育的过程中遭到不公平待遇或歧视。也就是说受教育者都有机会获得适应个人特点的教育。

其三，结果公平。也就是学业成就均等，是实质意义上的公平，结果公平是指最终体现在学生的学业成就方面，也就是教育质量、教育目标方面的平等。指学生在进入某一层次或类型的教育体系并经过规定的培养周期以后，不同学生所获得的知识与能力收益基本相同，学生受教育的成功机会和学业效果相对均衡。就三者的关系而言，教育起点公平是前提和基础，教育过程公平是教育起点公平的延续和发展，同时也是教育结果公平的条件和保障。

（二）高等教育公平的含义

1.高等教育概念

关于高等教育的概念，学者杨德君认为"高等教育是指大学、文学院、理工学院和师范学院等机构提供的各种类型教育而言，其基本入学条件为完成中等教育，一般入学年龄为18周岁，学完课程后授予学位、文凭或证书，作为完成高等学业的证明"①。据此我们认为高等教育是建立在完全中等教育基础之上的专业教育，具有学术性与职业性相结合的特点。高等教育是一种社会活动，是培养完成中等教育后的人，使之具有高深知识的专门化人才的社会活动。

（1）我国高等教育的目标

从我国高等教育的发展变化不难发现，中国高等教育的思想观念和基本目标发生了巨大变化，"从'教育是无产阶级专政的工具'到'教育为社会主义现代化建设服务'；从'读书无用'到'科教兴国'；从'以阶级斗争为纲'到'优先发展教育'"②。"高等教育价值观经历了新中国成立初教育为政治服务到兼顾社会和个人发展，树立科学的高等教育价值观的转变；高等教育发展观经历了从急功近利向追求可持续价值观的转变。"③从法律角度看，《中华人民共和国教育法》规定，"教育必须为社会主义现代化建设服务，必须与生产劳动相结合，培养德智体等全面发展的社会主义事业的建设者和接班人"，这是当前我国社会主义教育事业的基本方针。

关于高等教育，我国1999年实施的《中华人民共和国高等教育法》对我国高等教育的目标作了进一步的规定，即"高等教育的任务是培养具有创新精神和实践能力的高级专门人才，发展科学技术文化，促进社会主义现代化建设""高等教育必须贯彻国家的教育方针，为社会主义现代化建设服务，与生产劳动相结合，使受教育者成为德智体等方面全面发展的社会主义事业的建设者和接班人"。

因此，为社会主义现代化建设服务，是我国社会主义教育事业的发展方向，而培养德智体全面发展的社会主义事业的建设者和接班人，实

---

① 杨德君主编. 高等教育学概论，上海交通大学出版社，1991.

② 潘懋元，肖海涛. 改革开放30年中国高等教育思想的转变[J]. 高等教育研究，2008（10）.

③ 潘懋元，肖海涛. 改革开放30年中国高等教育思想的转变[J]. 高等教育研究，2008（10）.

现人的全面发展，则是我国教育发展的基本尺度。一句话，我国社会主义教育事业，特别是高等教育，必须以"培养什么样的人""怎样培养人"为其基本的价值取向，以达到"教育应该如何促进社会的发展"，"促进社会如何发展"的社会发展目标。换言之，当前，我国社会主义教育，特别是高等教育的发展，就是围绕着人的发展和社会的发展这两大主题而展开的，就是要"通过培养人，来解决人的发展与社会发展之间的矛盾"，[①]使人的发展与社会的发展和谐一致，更好地促进社会的文明与进步。因此，我们可以说高等教育事业的发展，是在一定的社会政治、经济条件下的，同时，又是促进社会政治、经济的发展，为社会提供服务的。高等教育的发展是促进社会个体成长发展的事业，同时又是社会进步、国家发展、民族兴旺的事业。

（2）高等教育的社会功能

"功能"，按照《辞海》的解释，是指：1.事功和能力；2.功效和作用，多指器官和机件而言；3.在自然辩证法中同结构相对，组成一对范畴。[②]我们认为，"功能通常是指具有一定结构的系统所具有的作用，它不是人们主观臆想的或外部力量强加的，也不是事物内部潜在的或者说是'应该是什么'的问题，它是事物通过自己特有的活动而实际起到的作用。这种作用既包括一系统对另一系统的作用，也包括某个系统中部分对整体的作用"[③]。高等教育的功能是关于高等教育本质的理论问题之一，规定着高等教育的基本方向。

我国要实现共同富裕，建立文明、民主、富强的社会主义现代化国家，就必须推进社会建设、经济建设、政治建设、文化建设。在这一过程中高等教育作为一种知识产业，具有先导性、全面性和基础性作用，有促进社会进步和个人发展的功能，还有促进文化提升和社会和谐的功能。

① 叶立群. 教育学原理[M]. 福州：福建教育出版社，1998.
② 夏征农. 辞海（缩印本）[M]. 上海：上海辞书出版社，1989.
③ 薛天祥. 高等教育学[M]. 桂林：广西师范大学出版社，2001.

我们认为高等教育有如下功能：

第一，培养社会化的"政治人"。

在我国两千多年前《学记》中说："建国君民，教学为先"，讲的就是教学的政治作用。《大学》指出："大学之道，在明明德，在亲民，在止于至善。"通过"格物，致知，诚意，正心，修身，齐家，治国，平天下"的修己治人的教育，实现教育的政治功能。法国社会学家涂尔干在《教育与社会学》中提出了教育的政治功能的观点："教育所应该塑造的人，不是自然所塑造的人，而是社会所需要他所成为的人。"他认为教育的重要功能是通过教育培养社会所需要的人，从而促进社会发展和民族进步。涂尔干教育社会学的核心思想，就是他所强调的教育的社会化功能。

教育有使人社会化的功能，就是使社会个体通过接受教育，掌握生存与发展的基本技能。塑造符合社会要求的价值观，培育其合乎社会规则的行为方式，使社会个体适应或满足社会的期待。因此，高等教育为了达到维护社会秩序和社会稳定的目的，承担着使社会全体成员拥有共同的信念、共同的价值观，遵守共同的行为规范，成为社会期待的人。

高等教育培养社会化的"政治人"的政治功能，主要有三个方面的表现：①在教育目的上，为统治阶级培养所需要的人才，使其统治得以维持、发展，以便后继有人。②在教育过程中，向受教育者灌输本阶级的政治观念、思想体系、人生观、价值观，规范他们的公民意识和行为标准，为本阶级的政治制度服务。③个人是在一定的社会角色中，实践教育活动并不断体会和适应其行为规范，逐步进化到社会期望的"政治人"的角色。

第二，传承文化。

高等教育的发展历史表明，高等教育与文化有着深层次的联系。高等教育传承社会文化，高等教育传承的是基于一般文化基础知识之上的各种专业知识，是高深的社会文化，是一种高层次的文化衍生，这是高等教育的基本功能。高等教育随着社会的不断进步，随着科学技术、文化的发展，逐步从一般的教育中发展起来，已经成为一个相对独立的教育层次，因此，高等教育与高深文化是密不可分的。从民族发展的历史看，民族独特的文化传统的发展与形成都是在其历史演进中逐步积淀的。

一个民族的文化传统影响着民族的生存方式、生活习惯，成为该民族的自觉意识融化在民族的血液里。民族的文化特征成为民族鲜明的个性特征，制约和影响着该民族的生存与发展。高等教育从一般教育分化出来后，高等教育的作用越来越显现。高等教育不仅为个人提供生存和发展的基本技能，同时又承担着继承、发展民族文化的重任，承担着吸收世界先进文化为本民族所用的功能。随着知识经济社会的到来，在主要以知识和智力为基础的社会里，高等教育在传承文化方面的功能更加突出，已经成为民族和社会发展的强大动力。

第三，促进社会阶层合理流动。

所谓社会阶层一般是指全体社会成员，按照一定等级标准划分为彼此地位相互区别的社会集团，同一社会集团的价值观以及行为和模式等方面具有相似性，因此，不同社会集团之间存在差异。在一个稳定的社会中，社会阶层的流动是有序的。促使社会阶层流动的原因一般分为两种，一是先赋性因素，一是自致性因素。在一个不发达的封闭社会，社会流动是缓慢的，现代发达社会社会阶层流动是有序的和快速的。高等教育具有社会化和选择性的双重功能，它对社会阶层的流动和社会分层起着规范的作用。因此，高等教育起着稳定社会秩序，促进社会和谐发展的作用。

人们通过高等教育不断提升自我素养和生存发展的技能，提升社会地位。因此，高等教育能够为一个社会阶层的有序流动提供智力支持。合理的阶层流动，意味着社会资源分配的合理与社会的和谐。相反，不合理的社会流动会伤害社会的公平、正义的价值体系，甚至可能导致社会冲突和动荡。因此，高等教育能够促进社会各阶层合理流动，促进社会的健康有序发展。

第四，促进社会经济发展。

高等教育能够促进一个社会经济的不断发展，这就是高等教育的经济功能。高等教育促进经济发展，一方面高等教育通过培养各级各类的高级专门技术人才，为社会生产部门提供各层次的劳动者和专门技术人才；另一方面科学技术就是生产力，不断通过科学技术为社会服务，因此，高等教育担负着劳动力再生产的任务，为生产发展提供专门的人才支持，高等教育在知识经济的时代，是知识生产的重要部门，高等教育本身通过参与经济活动，会产生巨大的经济效益。同时在不断地促进社会经济发展中有增值和增益的作用。

高等教育的经济功能主要表现在：①培养人是高等教育的最基本任务，高等教育的目标是培养各级各类专门技术人才，通过培养人才不断提高劳动生产率。②高等教育作为科学技术再生产的手段和途径，比基础教育更重要更直接。科学技术是第一生产力，高等教育能够把现代科学技术引入生产领域，将潜在的生产力转化为现实的生产力。现代社会科技进步因素在国民生产总值增长中的比重越来越大。

2.高等教育公平

"公平正义比太阳还要有光辉。"高等教育公平是社会公平的重要组成部分，也是社会公平价值在高等教育领域的延伸。高等教育公平也是高等教育发展的内在要求。当前教育公平问题是世界范围内教育改革的核心内容，我们认为高等教育公平应该包括高等教育权利平等、高等教育机会均等，如果进一步从环节上区分可以分为进入高等教育机会公平、过程公平、结果公平、资源分配公平、就业选择公平等。理解高等教育公平的内涵我们觉得应从以下几个角度进行：

（1）高等教育公平的基本内容

①高等教育领域内的权利平等

受教育权是人的基本权利，受教育权也是实现其他权利的基础，权利平等是机会平等的前提。高等教育的权利平等，即每个人不论其民族、性别、家庭出身和宗教信仰如何，都享有平等的接受高等教育的权利。

1948年联合国大会通过的《世界人权宣言》第26条规定："人人都有受教育的权利，高等教育应根据成绩对一切人平等开放。"[①]《中华人民共和国教育法》规定："中华人民共和国公民依法享有受教育的权利和义务。公民不分民族、种族、性别、职业、财产状况、宗教信仰等，依法享有平等的受教育机会。"[②]同样，《中华人民共和国高等教育法》第9条也规定："公民依法享有高等教育的权利。"同时实现高等教育权利就离不开高等教育机会和高等教育资源。机会平等才能实现权利平等，实现机会平等需要一定量的高等教育资源。

②接受高等教育机会的平等

高等教育机会表达的是一种概率，是社会个体或者群体接受高等教育的可能性。现实中由于高等教育资源的有限性和受教育者的个体差异，拥有受教育权利不一定就实现了受教育机会。能否实现接受高等教育的机会，更重要的是制度和规则的公平与合理。

联合国教科文组织1998年8月在巴黎召开了首次高等教育大会，大会通过的《21世纪的高等教育：展望与行动》和《高等教育改革与发展的优先行动框架》提出了高等教育的公平原则主要是指接受高等教育机会均等，"高等教育应是根据个人成绩对一切人平等开放，使更多的人接受高等教育"。

---

① 汪立琼. 高等教育公平研究评述[J]. 江苏高教, 2006（2）.

② 劳凯声. 高等教育法规概论[M]. 北京: 北京师范大学出版社, 2000.

在高等教育资源稀缺的情况下，实现人人接受高等教育是不可能的，在高等教育资源宽裕的情况下，也无法实现人人接受高等教育，因为个体是有差异的，高等教育不能满足所有希望接受高等教育的人的愿望。因此，高等教育的机会均等，是指在规则和程序公平公正的前提下，在同一个起点上，通过个人努力，竞争高等教育机会。

公平不等于平等，我们说高等教育机会均等，是指社会或者国家在给个体或者群体接受高等教育的可能性方面应该是公平的，规则应该是没有差别的。因此，高考制度的公正，接受高等教育的进入规则的公平至关重要。

③高等教育的资源配置公平

陈彬认为，高等教育公平的实现受到多种因素的影响，但不公平现象的产生，很大程度上与规则不公平有关，高等教育资源配置过程中的不公平现象，大多与规则和制度不公有关。我们从高等教育的准公共产品特性角度看，高等教育的入学机会是人人都应该享受的基本权利。因此，高等教育资源配置直接影响着教育机会的分配。教育资源分配公平，也可以理解成教育机会的公平，我们认为资源配置公平应该体现在以下几个目的：一是公民进入教育体系的机会应该是均等的，也就是说，同样的先天条件就有同样的受教育的权利；二是不同社会阶层有获得同样质量的教育机会；三是不同人不同社会阶层应该享有的教育质量的均等；四是受教育者因为教育对生活前景和社会发展的社会影响是均等的。

（2）高等教育公平的特征

高等教育公平是教育公平在高等教育领域内的延伸，所以具有教育公平的一般特征，也具有其特殊性。

①客观性

高等教育作为社会的一种设施是客观存在的，同样高等教育公平所反映的内容也是客观存在的。尽管高等教育公平具有主观性的一面，但不公平现象是客观存在的，是不以人的主观意志为转移的。也就是说人们对高等教育公平的认识来源于主体以外的客观存在，不是纯粹的主观感受。虽然人们对高等教育公平的认识各有不同，标准不一，但这并不否定高等教育公平的客观性，高等教育公平不是纯粹的主观感受。

②相对性

高等教育公平是因为比较而存在的，其标准因主体的不同而有差异，因此具有相对性，由于人类拥有的资源的稀缺性，无法满足人们的普遍要求。现实中人与人之间普遍存在着差异，人们认识的公平也具有不同的层次（起点公平、过程公平和结果公平）。因此，任何公平都是相对的，绝对的公平在现实中是不存在的，现实中的高等教育资源、高等教育条件永远不能为每个人创造相同的教育条件，即使社会为每个人都提供相同的高等教育条件，提供均等的高等教育机会，也会因个体的心理和生理的差异而不同。因此，教育公平也是一个相对的概念，具有相对性。人们对公平的认识和判断往往会受到历史条件、价值观念和切身利益的制约，其评价标准具有个体差异，是社会主体评价时的心理感受。教育公平总是依据一定时期的教育现象来评价的，脱离一定历史时期的教育现实，教育公平就没有社会意义。

③历史性

公平"始终只是现存经济关系的或者反映其保守方面或者反映其革命方面的观念神圣化的表现"。教育公平是一个历史范畴，具有历史性。公平的状态，从根本上说，取决于社会生产力的发展水平和社会性质。因此，公平永远具有时代印记和历史特色，而不是抽象的、一成不变的，是随社会的发展而变化的。换句话说，高等教育公平是人们在一定的社会经济条件下，根据自己的价值取向和利益需求所作出的判断，当这种教育现象和教育事实的背景发生变化时，人们对高等教育公平的判断与评价就会发生变化。

④永恒性

人类社会是不断发展进步的，一定时期的社会、政治、经济条件就会产生一定时期的公平。人超越动物而存在，就在于人类不断地向往和追求美好的未来，也不断地推动人类社会的进步与发展。公平是人类社会的永恒的追求目标，高等教育公平也是随着人类进步、社会发展和经济条件的改善而不断发展和变化的，因此，高等教育公平是人类美好的教育追求，是一种无限接近的过程，永远也不可能完全实现。因此高等教育公平是永无止境的，具有永恒性。

⑤差异性

由于人们的认识不同，社会背景不同，经济条件不同，因此高等教育公平也是有差异的，有差别并不等于不公平。社会上不同社会群体，不同社会个体均存在着差异，有先天的，有后天养成的。社会有责任使每个社会个体得到充分发展。因此，应该为社会个体提供不同层次、不同水平、不同方式的教育，因材施教就是承认差异的教育公平。高等教育公平应当是承认公平是有差别的，并在发展进步中不断缩小差别，实现均衡发展。

二、教育公平的价值

教育公平作为社会的一个"老"话题，不仅吸引了教育学科研究者的研究旨趣，也吸引了很多不同学科背景的研究者对此开展较为深入的研究。一分为二地看，意味着一方面这一研究已有研究成果相对成熟，站在巨人肩上能够为现有研究提供更多的资料和研究积累；另一方面，选择这样一个"老"话题作为博士论文，理论上创新似乎更加困难。但笔者始终认为教育公平因其具有时空特定性和人群差异性在不同时代有着不同表现形式，从而也是一个"新"课题。

（一）教育公平的价值追求

教育公平是人类社会具有永恒价值的基本理念和基本行为准则，

是人与人的利益关系及关于人与人利益关系的原则、制度、做法和行为。[①]教育公平是一个动态的相对的过程，每个时代都赋予它新的意义和内容。更多的人愿意把教育公平区分为"起点公平""过程公平"和"结果公平"，把教育不公平通常用区域差距、城乡差距、校际差距、阶层差距来指涉，并给予一定的操作性定义和具体指标，当下更多的人愿意把注意力放在机会公平上。笔者认为，当前由于教育机会不公平较为突出的存在而将对教育公平的价值诉求主要集中在教育机会均等上是不合适的。公平正义是社会主义的本质要求，究其起源，社会主义就是在反对不平等、不公正的社会制度和社会秩序的斗争中形成、发展起来的。[②]教育作为一种社会公共活动，更应该体现社会主义教育的优越性，教育公平不仅是机会的均等，也要体现教育过程的公平，并最终通过教育结果的公平反映出来。教育公平作为时代主流价值诉求在其实现的过程中有着自己的价值追求，而这种价值追求是其公平得以实现的基础性条件。下面，笔者主要从机会性公平与实质性公平两个视角对教育公平进行分析，通过分析来主张"当前由于教育机会不公平较为突出的存在而将对教育公平的价值诉求主要集中在教育机会均等上是不合适的"这一观点，进一步厘清当前对教育公平的价值主张。

1.机会性公平：一种教育权利公平的分析视角

教育机会均等作为一种形式的、权利层面的教育公平诉求，是一个人作为人而存在的社会需要的基本教育内容，它作为一个基本价值理念存在于教育公平的追求过程之中。机会均等从某种程度上是把教育作为受教育者一项基本权利，要求这一基本权利平等地对待每一个人，笔者更倾向于对此理解为诺奇克所强调权利首要性在教育领域的反映，即诺奇克式受教育权利公平。这一受教育权利平等的形式无论在法理上还是

①　田正平, 李江源.教育公平新论［J］.清华大学教育研究, 2002（1）.

②　万军.公平社会建设［M］.国家行政学院出版社, 2013：序言1.

在程序上，都显得正当且正确。

教育机会均等问题研究的代表人物之一胡森给教育机会下了五组操作性定义：①学校外部的各种物质因素，即学校家庭经济状况、学生开支总额、学校地理位置和上学的交通工具；②学校的各种物质设施，即学校建筑物总的质量、实验室、图书馆和教科书等；③家庭环境中某些心理因素，其中主要包括家长对子女在学习方面的期望、家长对掌握知识所持有的总的态度，以及家庭为子女提供的独立自主的口头表述等习惯；④学校环境中某些心理因素，如教师的能力、教师对各学生组的态度、学生的学习动机等；⑤学习机会，如教学条件、教师实际的教学时数，教师要求学生实际完成的课外作业的总量等。我国学者石中英教授认为教育机会均等意味着可能性平等、权利平等、相对平等和部分平等，并认为教育机会均等并不是指人们包括青少年所享受的所有教育形式的可能性的平等，而只是构成这种总体平等的一部分，尽管是一个重要的组成部分。①杨东平教授认为，由于事实上存在的社会政治经济的不平等和个体差异，"教育机会均等"成为教育公平、教育民主化的核心问题，并将教育机会均等定义为"各族群接受学校教育的学生在总学生数中所占的比例，应与该族群在同一年龄人口中所占的比例相等"。

教育机会均等所强调的是不同区域、不同民族、不同性别、不同家庭等具有不同特征的受教育者在接受教育方面的同等权利和同样的机会，为获得同样的教育不同特征的受教育者所付出的成本和努力是同样的，以及付出同样的成本和努力后所获得的教育水平是平等的。一个社会必须给全体成员以平等和宽厚的条件求得知识的机会，一个划分成阶级的社会只须特别注意统治者的教育。②然而事实上，所有的社会都或多或少地分化出不同的阶级，它们在获得财富、职业、受教育的机会上

---

① 石中英. 教育机会均等的内涵及其政策意义[A]. 教育公平与和谐社会建设学术研究论文集[C]. 北京理工大学, 2006.

② [美]杜威.民主主义与教育[M].王承绪,译.北京:人民教育出版社,1990:98.

各不相同，阶级的差异具有代际继承性，并且这种分层创造和维护了机会的不平等。①因此，探讨教育机会或受教育权利公平需要考虑以下三个问题：

第一个问题，机会或权利的平等在教育公平中扮演什么样的角色。无可置疑，无论是机会平等、权利公平，还是程序公平、法理公平，对教育公平而言都具有重要意义。权利平等作为法律规定的法定条款，对于保障全体公民的受教育权利具有重要意义，但我们必须承认，法律规定的权利与实际行使的权利以及实际拥有的权利是三个不同概念，就如同每一个国民在法律面前都可能成长为国家主席，似乎获得国家主席这一职位对于每一个国民而言在权利上是平等的，但事实绝非如此。教育公平所强调的机会公平也是如此，我们仅仅提供平等的受教育机会但对不同个体和不同群体把握各种教育机会的能力和意识缺乏系统考量，实际上在同等受教育机会面前出现结果的差距将不可避免，结果的事实的教育差距使我们回头看教育机会公平时，把教育公平的落脚点或重心放在教育机会的公平显然不够。

第二个问题，平等的机会或平等的权利的基础是什么。就教育而言，当前教育的区域差距、城乡差距、校际差距还比较明显，教育资源特别是师资水平的分布还很不均衡，笔者认为在此基础上我们一味地强调受教育权利的平等在某种程度上实践效果并不明显。义务教育阶段作为人生存必备的基本文化知识，每一个人都应该均等地享有。促进义务教育公平，前提和基础首先需要做的是通过资源分配实现资源分布的均衡，否则即便在优质教育资源面前实现机会公平，但总会有孩子因为教育资源分布的不均衡造成实际的教育不公平，因为教育资源客观上处于不公平状态时，无论是哪一部分群体接受了优质教育，所出现的变化仅仅是接受群体的变化，而非在本质上促进了教育公平，换句话说，把当

---

① ［美］库利. 社会过程［M］. 洪小良等，译. 北京: 华夏出版社，1999: 63，48.

前"有钱有势"的强势群体家庭子女能够接受优质义务教育转变成流动儿童、留守儿童等弱势群体家庭子女能够接受优质义务教育并非是促进教育公平的有效途径。当所有资源分布实现均衡后,大家接受的教育水平都一样,同样没有必要纠结于教育机会的公平。当然,现阶段义务教育不仅具有培养人生存必备基本文化知识的功能,还具有向上一级教育培养输送生源的功能,因此将受教育者禀赋和努力也融入教育公平予以考察。这里还必须做出区分的是,义务教育阶段之后的高等教育阶段,政府通过"贴标签"等方式赤裸裸地将资源直接拨付给"标签"高校是一种不公平现象,但各高校之间资源的均衡分布和平等发展在本质上也是教育不公平,因为每个孩子不分自身努力和禀赋差距而平等地接受高等教育在本质上也是教育不公平,高校如何通过自身努力获得各种资源,不同孩子如何通过自身努力和不同禀赋而决定是否能够接受高等教育、接受什么水平的高等教育,是考察高等教育公平时必须注意的。也就是说,对受教育者而言,在接受均等的义务教育之后,公平的享有接受高等教育的机会是促进教育公平需要为之努力的方向。

第三个问题,教育公平意味着个体不因性别、种族、家庭背景等个人或社会因素,构成对个体实现教育潜力的障碍,所有个人至少达到基本的最低水平培训和教育。[①]此论述为普通孩子接受义务教育的必要性和重要性提供了论点上的支撑,但不可忽视的是,一些孩子因为先天性因素造成的心智或身体等不可逆的不利条件造成其受教育状况受到影响,他们如何和正常的孩子同样平等地接受教育?从权利而言,没有人剥夺他们的受教育权利,但在当前普通教育体系中,即便他们接受教育,似乎在普通教育中他们只能体验到失败和不成功,对他们而言,差异化的教育似乎更加公平。机会公平实际上默认了"不同等的个人天

---

① Marilia Costa Morosini. Avaliao: Revista da Avaliagao da Educagso Superior(Campinas).Avaliagao(Campinas)vol. 19 no. 2 Sorocaba July 2014.

赋，从而不同等的工作能力，是天然特权。所以，就它的内容来讲，它像一切权利一样是一种不平等的权利"。[①]对于身心存在先天性不足的特殊群体，如何通过教育来保证他们未来的成长和发展，是促进教育公平过程中必须加以解决的现实问题。解决这一问题，不仅要提供"有学上"这一机会，更应该根据他们身心特点提供符合他们发展需要的特殊教育。

2.实质性公平：一种资源配置公平的分析视角

"着眼于机会"这一思路与我们通过法律来对教育公平进行政策供给是一脉相承的，但现实是我们从来不缺少主张教育公平的法律，可教育不公平的客观存在依然让很多人为之揪心。如上文所述，机会公平更注重规则的无差别的公平，即所有的人都遵循同样的规则。但是，不同的群体面对同样机会所表现出来抓住机会的能力的差距使我们还要清楚地认识到实质性公平的重要性。实质性公平相比权利公平而言，它更加注重差异而非差距，更加体现不同群体的实质性"应得"而非"均等"，在义务教育阶段更加强调资源分配的"均等"，如若不平等应该如罗尔斯所主张的正义原则中不平等应安排原则——"适合于最少受惠者的最大利益"，在非义务教育阶段更加强调资源分配的人群差异性、学校差异性而非区域差距。当一个接受过良好高等教育的高材生和一个没有接受过专业教育的人同时应聘一个企业的管理职位时，尽管他们在人才市场实行双向选择政策的今天，理论上应聘时都享有平等提供简历的机会，通常情况下的结果是可以预见的。亦是说，起点的公平更多的体现一种形式公平，但实质公平通常是通过过程公平与结果公平之间的互塑展现出来。它根据受教育者个体或群体的情况和特性获得适合自己的教育，旨在促进个体或群体公平地发展，最终依据所获得的能力和技能获取平等对待的教育。机会均等本意所强调的是一种同样的、形式上

---

① 《马克思恩格斯选集》第3卷，第305页.

的公平，它强调的是一种权利，不必关心机会背后的质量与差异；而过程公平需要关注更多的差异性，然而这种差异不是差距，它体现一种实质公平而非绝对的平等。但这并不意味着机会均等与过程公平是一对矛盾的范畴，相反，它们之间的强烈互补性才能真正互塑出教育公平，只有在走向极端后才会出现我们所不愿意看到的平均主义或差距进一步加剧。当教育资源配置过程中存在既定不公平且暂时无法改变时，如当前我国教育资源的区域差距、城乡差距、校际差距在短期内即便努力也无法完善、改变时，强调各种资源占有的各群体的权利公平显然是重要的，这将避免优质教育资源成为某些特定群体的专属品。在资源既定不公平的情况下，首要应该注重义务教育阶段资源配置的均等，并在这一过程中注重不同群体对教育资源占有的"应得"。"应得"是指人们在社群内所具有的权利、能力、身份和他对社会贡献相一致的原则。①这种应得包括两个层面的内容：一个层面是道德伦理角度上的应得，即社会应该提供其人作为一个人所具有的应得资源，因为人的存在本身就是一种贡献；另一个层面是个体根据历史和所处的当下社会中，依靠自身努力和付出所得到与其努力和付出相一致的应得资源。据此理解，教育公平亦可理解为一方面是社会和政府提供给每一个人作为人而存在的基本教育需求，另一方面根据个体努力和付出所表现出来的教育差异也应该在公平范畴之内。在追求权利或机会公平时，还需要注意其要付出的成本和代价。约翰·伦梅尔作出估算，就美国接受教育的"深层"平等的机遇而言，为了确保孩子在任何情况下，只要付出相同的努力，成人后可以获得相同的挣钱能力，那么，一个白人学生需要付出的代价是900美元，而一个黑人孩子则需要2900美元。②来源于不同阶层的孩子对他们的教育未来有不同的代价——收益评估，与家庭背景优势的其他

---

① 魏峰.正义的教育政策：社群主义的视角［J］.比较教育研究，2008（3）.

② ［美］卡利尼克斯.平等［M］.徐朝友，译.南京：江苏人民出版社，2003：105.

人相比，处于逆境的孩子的教育成功的机会面临更大的危险和失败的代价。①尽管中国很少有学者像伦梅尔一样作过如此精确的测算，但可以肯定的是，中国不同群体之间的巨大差距，使不同群体在获得平等教育所付出的成本差距与美国一样，同样存在很大差距。即便是同等面值的经济付出，对于不同家庭而言价值也不同，一万元对于一个身价百万乃至千万家庭而言是一个小数目，但对于相当多数的低收入家庭、边远贫困家庭以及农村家庭而言，可能是一个庞大甚至是天文数字。在高等教育成本分担后，高校实行高收费以及大学毕业生就业不确定性进一步增强的背景下，作为一个理性人，当做一件事情风险过大、成本过高，且收益并不确定时，他必须考虑退出"游戏"，因为他们在游戏中不能输，也输不起。可是这些障碍对于优势家庭而言无论在经济方面，还是未来就业方面无疑都不是压力，他们有能力很好地解决这些问题。这种游戏的不合理之处还有，高中阶段的学习并不能给学习者带来更多好处和收益，如果高考失败，期间所付出的时间和金钱将血本无归，在日后的生活中，高中所学知识并不能很好地应用于生活实践和指导生活，因为那些知识仅仅是机械化考试的训练工具，而非生活知识的殿堂。这一点也加大不利群体对知识追求的成本。实质性公平最终体现为学业成就、教育质量等公平，以及通过这些公平实现人的良好发展。在很多研究中，能否接受高等教育经常被视为教育结果平等的目标。当然，更进一步地，学生在大学毕业之后的社会经济地位的平等才是真正实质性的。②基础教育阶段教育结果平等一般通过接受高等教育的比例及质量与层次来体现，而高等教育阶段教育结果公平通过培养的毕业生在工作找寻及其找寻单位资源与在分割劳动力市场中所处的位置来反映。因此，教育公平在不同教育阶段其价值主张应该有所不同，而非千篇一律。

---

① 钱民辉. 教育社会学：现代性的思考与建构[M]. 北京：北京大学出版社，2004：107.
② 杨东平. 中国教育公平的理想与现实[M]. 北京：北京大学出版社，2006：8.

（二）教育公平的现代诉求

公平是一个相对性概念和一定历史条件的产物，具有典型的时代性。近20年来，随着经济社会发展以及教育的发展，教育领域已经发生巨大深刻变化，考察近20年来我国教育的公平改善情况以及当下教育不公平的表现形式，具有重要意义。鉴于20年首尾年份、样本年份之间跨度要求以及与人口普查相关数据的统一性，特别是对当下中国教育有着强烈政策指导意义的《国家中长期教育改革和发展规划纲要（2010—2020年）》起始于2010年，故此笔者在本研究中选取了 1993年、2000年、2010年和2013年等4个样本年份，根据《中国教育统计年鉴》数据统计，着力分析近20年来我国教育公平的影响因素及其相应转向。

1.先赋性因素对教育公平的影响

早在1967年，美国著名社会学者布劳和邓肯（Blau & Duncan）对父亲阶层对子女受教育与职业的影响就作了研究。布劳和邓肯指出，社会阶层现象包括先赋性和自致性两种内涵，个人的社会地位一方面取决于个人的能力和努力，一方面也要受家庭出身的影响，当一个人的社会地位获得越依靠于自致性因素，其社会的公平程度就越高，也就意味着大学毕业生在就业时平等的靠自己的真本领实现自己的价值。长期以来，性别、民族、区域等先赋性因素在教育不公平中扮演了重要角色，以致《教育法》明确规定"中华人民共和国公民有受教育的权利和义务。公民不分民族、种族、性别、职业、财产状况、宗教信仰等，依法享有平等的受教育机会"。

（1）性别因素对受教育机会的影响

从表2-1可以发现，近20年来女生在小学阶段受教育机会方面的差距并不明显，但随着时间的前移，女生在接受普通中学、特别是高等教育机会的性别差距比较明显，目前这种差距已经得到完全改善。如在接受高等教育方面，1993年女生接受高等教育的比例仅为33.6%，2013年女生在接受普通本专科及硕士研究生阶段的比例均高于男生，尽管统计数据显示女生在博士阶段的比重明显低于男生，但导致这一状况更可能是因为博士阶段的学习相比其他阶段的学习情况存在较大差异，以及中国传统文化中对女性家庭观念存在惯习性要求，一些女生自愿式放弃博士阶段的学习而非不得不的放弃。

表2-1　近二十年各级教育女性受教育占比情况统计表（单位：%）

学历 年份	普通小学	普通中学	普通高校		
			普通本专科	硕士	博士
1993年	46.8	43.7	33.6		
2000年	47.60	46.17	40.98		
2010年	46.23	47.66	50.86	50.36	35.48
2013年	46.27	48.38	51.74	51.38	36.90

笔者认为，近20年来，性别差距在教育公平的价值诉求中已经发生根本性变化，当下研究促进教育公平问题时，改善女生在接受各级教育中的公平状况不应该成为立脚点和主要的关注点。

（2）民族因素对受教育机会的影响

表2-2　近二十年各级教育少数民族学生受教育占比情况统计表（单位：%）

学历 年份	普通小学	普通高校			
		普通专科	普通本科	硕士	博士
1993年	9.2	6.4			
2000年	9.08	5.71			
2010年	10.54	5.99	7.35	5.04	4.68
2013年	11.12	6.95	7.81	6.02	5.81

注：在选取的《中国教育统计年鉴》样本年份中，1993年、2000年对普通高等学校少数民族学生占比情况未做学历区分，故在本表中普通专科、普通本科、硕士和博士采用合计占比数据，但并不意味着普通专科、普通本科、硕士和博士各自占比情况为表格中所列比例。

根据第五次、第六次全国人口普查统计数据，我国2000年、2010年少数民族人口占总人口比例分别为8.4%、8.5%。对照少数民族人口占比情况，从学历层次的横向比较来看，小学阶段民族对受教育机会的影响较小，但高等教育阶段，少数民族学生接受教育的情况相比汉族学生处于不利地位，少数民族学生接受教育的比例明显低于其人口占比情况。从时间的纵向比较来看，无论是小学阶段还是高等教育阶段，少数民族学生接受教育情况明显改善。

笔者认为，义务教育阶段受教育机会已经不再是一种稀缺教育资源，要关注并改善少数民族学生接受高等教育的机会公平。

（3）城乡因素对受教育机会的影响

表2-3　近二十年学龄儿童入学率的城乡情况统计表（单位：%）

年份 区域	学龄儿童入学率			
	全国	农村	县镇	城区
1993年	98.31	97.94	99.07	99.57
2000年	99.11	98.94	99.32	99.54
2010年	99.70	/		
2013年	99.71	/		

注：1993年的净入学率是按7—11周岁统一计算，2000年及以后净入学率是按不同入学学龄和学制分别计算。

表2-4　近二十年小学、初中阶段教育的城乡情况统计表（单位：%）

年份 区域	小学在校生人数占比		初中在校生人数占比	
	农村	城区（包括县镇）	农村	城区（包括县镇）
1993年	72.21	27.79	59.70	40.30
2000年	65.35	34.65	55.59	44.41
2010年	53.82	46.18	33.82	66.18
2013年	34.37	65.63（其中镇区占36.01）	18.34	81.66（其中镇区占49.45）

根据第五次、第六次全国人口普查统计数据，我国2000年、2010年农村人口占总人口比例分别为63.78%、50.32%。从表2-3、2-4中可得出，我国学龄儿童入学率已经达到很高水平，农村与城市孩子在接受义务教育的机会方面并不存在明显差距。2000年和2010年，农村小学生占比情况的变化与第五次、第六次全国人口普查得出的人口比例基本吻

合，尽管从1993年到2013年，农村小学生、中学生占比情况发生较大变化，但这一变化一方面与我国城镇化发展趋势有关，另一方面也与我国学校的空间布局有关。

笔者认为，在免费义务教育真正成为受教育者的权利与义务之后，考察哪些人上好学，哪些人享受优质教育资源是促进教育公平的重要关注点。

2.资源因素对教育公平的影响

一般而言，教育公平分为受教育机会公平、教育过程公平以及教育结果公平。教育公平不仅是机会的均等，更重要的要体现在教育过程的公平，并最终通过教育结果的公平反映出来。因为教育机会公平仅仅是程序性和权利性公平，教育过程公平是实质性公平，对教育结果公平以及个人接受教育后的发展状况起着至关重要的影响。教育质量是教育过程公平最主要的考察因素。学校教育质量依赖于教师和学校教育环境之间的相互作用。师资水平作为"软"条件是体现优质教育资源的核心要素，经费投入和物质投入作为"硬"条件是保障优质教育资源的重要支撑。

（1）各级教育的人力资源差距

①各级教育的师资数量差距

从图2-1可以看出，近20年来，义务教育阶段师生比呈不断缩小趋势，高中阶段基本维持稳定状态，高等教育呈不断扩大趋势。相比1993年，2013年义务教育阶段每位教师人均少带近6名小学生、近3名初中生；与此相反，高等学校每位老师人均所带学生数由1993年的8人增加到2013年的近18人。出现上述情况的主要原因是我国人口结构的变化导致适龄儿童总人数持续减少，以及义务教育阶段师资数量的不断壮大，与义务教育阶段相反的是，高等教育阶段规模的持续扩大，在校本专科大学生数、研究生数分别由1993年的2535517人、106771人增加到2013年的24680726人、1793953人，师资队伍的壮大跟不上扩招的幅度。

从图2-2可以看出，2000年以前，农村相比城市，在教师数量上处于劣势，但近十年来这种劣势已经发生变化，2013年农村学校在教师数量上相比城市处于优势状态。

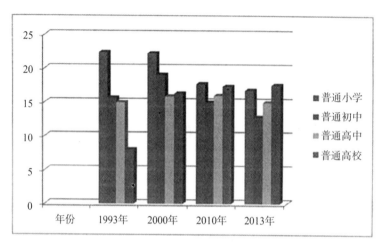

图2-1　近二十年各级普通学校生师比情况分析图（教师数=1）

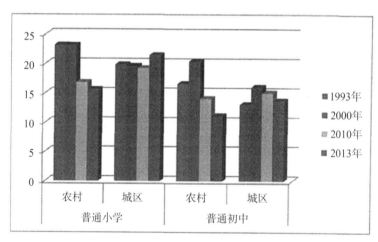

图2-2　近二十年小学、初中阶段生师比的城乡情况分析图（教师数=1）

②各级学校师资水平的差距

从表2-5、表2-6、表2-7可以得出，随着时间的推移，各级学校专任教师的学历层次和职称水平有了大幅提高，如小学专任教师中本科及以上学历水平占专任教师数的比例由1993年的0.18%提高到2013年的37.24%，高级职称的比例由1993年的11.88%（包括中学高级职称的0.04%）提高到2013年的54.34%（包括中学高级职称的2.06%）；初中专任教师中本科及以上学历水平占专任教师数的比例由1993年的8.38%提高到2013年的74.87%，高级职称的比例由1993年的1.13%提高到2013年的16.00%；普通高校专任教师中硕士及以上学历水平占专任教师数的比例由1993年的23.9%提高到2013年的54.79%，高级职称的比例由1993年的30.88%提高到2013年的41.01%。与此形成鲜明对比的是，小学专任教师中高中及以下学历水平占专任教师数的比例由1993年的96.25%（含中专60.72%）下降到2013年的12.67%，小学三级及未定职称比例由1993年的22.07%下降到2013年的9.12%；初中专任教师中高中及以下学历水平占专任教师数的比例由1993年的40.46%（含中专29.08%）下降到2013年的0.72%，中学三级及未定职称比例由1993年的40.10%下降到2013年的10.85%；普通高校专任教师中专科及以下学历水平占专任教师数的比例由1993年的7.94%下降到2013年的1.41%，助教及无职称比例由1993年的27.21%下降到2013年的19.11%。

表2-5 近二十年小学专任教师学历、职称情况统计表（单位：%）

年份、城乡		学历				职称					
学历、职称	研究生	本科	专科	高中及以下	中学高级	小学高级	小学一级	小学二级	小学三年	未定职级
1993年	全国	0.18		3.57	96.25（含中专60.72）	0.04	11.84	41.64	24.40	5.34	16.73
2000年	全国	1.00		19.04	79.96（含中专71.26）	0.12	27.16	46.43	16.16	1.09	9.03
2010年	全国	0.11	23.59	54.58	21.71	1.15	51.94	36.15	3.88	0.32	6.56
	城区	0.46	48.19	43.78	7.56	2.05	55.96	31.54	2.64	0.39	7.41
	乡村	0.03	15.19	55.93	28.85	0.75	49.40	38.21	4.73	0.31	6.59
2013年	全国	0.36	36.88	50.09	12.67	2.06	52.28	33.67	3.17	0.22	8.60
	城区	1.02	57.04	37.38	4.56	2.76	55.06	30.16	2.22	0.27	9.53
	乡村	0.10	24.87	55.23	19.80	1.34	49.41	36.01	4.11	0.21	8.91

表2-6 近二十年初中专任教师学历、职称情况统计表（单位：%）

年份、城乡		学历				职称				
学历、职称	研究生	本科	专科	高中及以下	中学高级	中学一级	中学二级	中学三级	未定职级
1993年	全国	8.38		51.16	40.46（含中专29.08）	1.13	17.58	41.19	21.53	18.57
2000年	全国	14.18		72.91	12.92（含中专8.91）	3.27	27.31	43.90	12.52	13.00
2010年	全国	0.64	63.41	34.60	1.35	12.48	42.32	35.41	3.16	6.63
	城区	2.11	80.57	16.87	0.46	21.96	42.66	28.27	1.35	5.76
	乡村	0.20	54.62	43.23	1.95	8.92	40.02	38.92	4.46	7.69

年份、城乡	学历、职称	学历				职称				
		研究生	本科	专科	高中及以下	中学高级	中学一级	中学二级	中学三级	未定职级
2013年	全国	1.30	73.57	24.41	0.72	16.00	43.17	32.37	1.65	5.81
	城区	3.15	83.03	13.55	0.27	21.77	43.59	26.96	0.87	6.82
	乡村	0.41	65.65	32.76	1.18	11.40	40.52	37.22	2.57	8.28

注：表2-5、2-6数据均来源于《中国教育统计年鉴》换算得出，其中2013年《中国教育统计年鉴》在地区划分上共分为：城区、城乡接合、镇区、镇乡接合、农村；2010年《中国教育统计年鉴》在地区划分上共分为城市、县镇、农村。本统计只涉及农村城区和乡村，故可能出现全国相关指标比例不在城区和乡村之间。

表2-7　近二十年普通高等学校专任教师学历、职称情况统计表（单位：%）

年份	学历、职称	学历				职称			
		博士	硕士	本科	专科及其他	教授	副教授	讲师	助教及无职称
1993年		23.39（其中博士1.70，硕士19.00）		68.67	7.94	6.29	24.59	41.91	27.21
2000年		31.32（其中博士6.10，硕士23.38）		64.14	4.54	9.44	30.00	36.00	24.56
2010年		14.92	34.50	48.92	1.67	11.06	28.06	38.49	22.37
2013年		19.06	35.79	43.74	1.41	12.13	28.88	39.88	19.11

注：1993年、2000年统计数据中，硕士学位计数据统计包括未授博士、硕士学位的毕业研究生，硕士学位的毕业生，专科及其他数据统计中包括本专科肄业，本科数据统计包括研究生肄业和未授学士学位的本科毕业生，专科及其他数据统计中包括本专科肄业。

从学校层次来看，不同层次学校专任教师的学历和职称有着明显差距，普通高等学校专业教师的学历和职称水平明显优于普通初中专业教师的学历和职称水平，普通初中专业教师的学历和职称水平明显优于普通小学专业教师的学历和职称水平。如1993年，普通高校专任教师中本科及以上学历水平占专任教师数的比例和高级职称比例分别为92.06%、30.88%，而初中专任教师中本科及以上学历水平占专任教师数的比例和高级职称比例分别为8.38%、1.13%，小学专任教师中本科及以上学历水平占专任教师数的比例和高级职称比例分别为0.18%、11.88%；2013年，普通高校专任教师中本科及以上学历水平占专任教师数的比例和高级职称比例分别为98.86%、41.01%，初中专任教师本科及以上学历水平占专任教师数的比例和高级职称比例分别为74.87%、16.00%，小学专任教师本科及以上学历水平占专任教师数的比例和高级职称比例分别为37.24%，54.34%（包括中学高级职称的2.06%）。需要说明的是，在初中与小学专任教师的职称统计中，小学专任教师中高级职称的比例似乎比初中还要高，但事实并非如此。根据人力资源和社会保障部、教育部在2011年联合下发的《关于深化中小学教师职称制度改革扩大试点的指导意见》文件中明确指出，"原中学教师职务系列与小学教师职务系列统一并入新设置的中小学教师职称（职务）系列"，"统一后的中小学教师职称（职务），与原中小学教师专业技术职务的对应关系是：原中学高级教师（含在小学中聘任的中学高级教师）对应高级教师；原中学一级教师和小学高级教师对应一级教师；原中学二级教师和小学一级教师对应二级教师；原中学三级教师和小学二级、三级教师对应三级教师"。而在本研究中笔者把小学高级纳入到高级职称的统计范围内。

从城乡差异来看，城市初中、小学专业教师的学历和职称水平相比农村初中、小学专业教师的学历和职称水平具有绝对优势。因样本年份中1993年和2000年的相关统计数据未对小学、初中教师学历和职称进行区分，以及从地域分布来看高等学校全部集中在城市，故此笔者对师资的城乡差距分析主要为近五年义务教育阶段。从小学阶段来看，2013年本科及以上学历的专任教师占比情况，城区达到58.06%，而农村为24.97%，比例差距一倍以上；高级职称的专任教师占比情况，城区为2.76%，农村为1.34%，比例同样差距一倍以上。从初中阶段来看，2013年本科及以上学历的专任教师占比情况，城区达到86.18%，而农村为66.06%，其中研究生学历的专任教师占比情况，城市为3.15%，而农村仅为0.41%；高级职称的专任教师占比情况，城区为21.77%，农村为11.40%，差距同样明显。

笔者认为，在教育基本"硬件"条件得以保障的情况下，教育领域内师资质量而非师资数量对教育质量产生决定性影响，当前中国农村教育质量之所以相比城市处于不利地位，不是因为农村缺乏教师，而是因为农村缺乏优秀教师，缺乏高水平教师。当前，国务院为"加强老少边穷岛等边远贫困地区乡村教师队伍建设，明显缩小城乡师资水平差距，让每个乡村孩子都能接受公平、有质量的教育"而实施的《乡村教师支持计划（2015—2020年）》在政策层面支持了笔者观点。

（3）各级学校物力资源的差距

从图2-2、图2-4、图2-5、图2-6、图2-7、图2-8可以得出，近20年来，从中小学办学的硬件资源改善来看，中小学办学条件在不断改善，且幅度较大。如小学和普通中学的生均校舍建筑面积、生均教学行政用房面积都有明显改善，小学阶段生均校舍建筑面积从1993年的3.66平方米增加到2013年的6.63平方米，小学阶段生均教学行政用房面积从1993年的2.52平方米增加到2013年的4.38平方米，中学阶段生均校舍建筑面积从1993年的6.26平方米增加到2013年的13.62平方米。

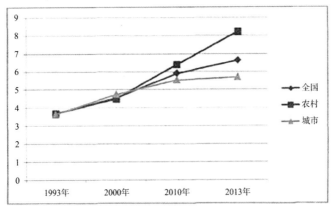

图2-3 近二十年小学阶段生均校舍建筑面积比较图(单位: m²)

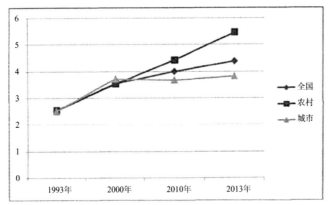

图2-4 近二十年小学阶段生均教学行政用房面积比较图(单位: m²)

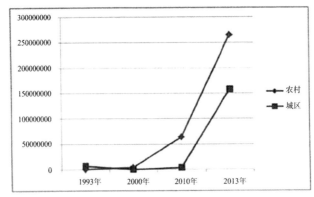

图2-5 近二十年小学阶段危险房屋面积城乡比较图(单位: m²)

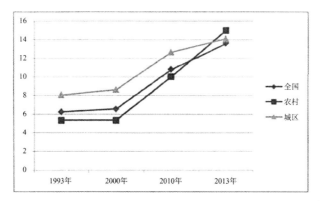

图2-6　近二十年普通中学阶段生均校舍建筑面积比较图（单位：m²）

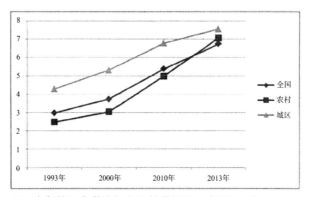

图2-7　近二十年普通中学阶段生均教学行政用房面积比较图（单位：m²）

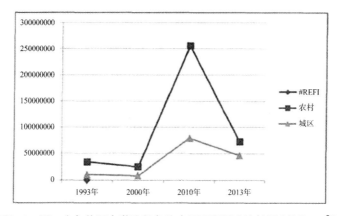

图2-8　近二十年普通中学阶段危险房屋面积城乡比较图（单位：m²）

注：2013年《中国教育统计年鉴》在地区划分上共分为：城区、城乡接合、镇

区、镇乡接合、农村，所以出现生均教学行政用房、生均校舍建筑面积均高于全国平均值的情况；普通中学统计包括普通初中和普通高中。

从城乡差距来看，小学阶段的生均校舍建筑面积、生均教学行政用房面积前十年不存在明显的城乡差距，近年来差距较为明显，农村小学生均校舍建筑面积、生均教学行政用房面积明显高于城市，这种差距有利于农村。如1993年小学阶段生均校舍建筑面积农村为3.69平方米，城市为3.64平方米，生均教学行政用房面积农村为2.55平方米，城市为2.51平方米；到了2013年，小学阶段生均校舍建筑面积农村为8.22平方米，城市为5.70平方米，生均教学行政用房面积农村为5.46平方米，城市为3.82平方米。中学阶段的生均校舍建筑面积、生均教学行政用房面积前十年存在明显的城乡差距，这种差距有利于城市，近年来城乡差距逐步减小并在2013年出现生均校舍建筑面积农村高于城市的情况。如1993年中学阶段生均校舍建筑面积农村为5.36平方米，城市为8.08平方米，生均教学行政用房面积农村为2.48平方米，城市为4.28平方米；到了2013年，中学阶段生均校舍建筑面积农村为15.01平方米，城市为14.10平方米，生均教学行政用房面积农村为7.08平方米，城市为7.55平方米。

从学校层次来看，中学阶段生均校舍建筑面积、生均教学行政用房面积在不同年代都明显高于小学阶段生均校舍建筑面积、生均教学行政用房面积。如1993年中学阶段生均校舍建筑面积、生均教学行政用房面积分别为6.26平方米和2.97平方米，而小学阶段为3.66平方米和2.52平方米；2013年中学阶段生均校舍建筑面积、生均教学行政用房面积分别为13.62平方米和6.74平方米，而小学阶段仅为6.63平方米和4.38平方米。

据上面数据分析，从时间纵轴而言，无论是农村中小学还是城市中小学，办学物资资源都得到很大程度改善；从当前小学、中学不同的教育阶段以及城乡之间的情况来看，差距并不明显。

（4）各级学校财力资源的差距

从表2-8可以得出，随着我国经济社会发展、教育规模扩大以及货币政策等因素影响，近20年来，全国教育经费总投入、国家财政性教育经费投入都有了大幅提高，特别是2013年国家财政性教育经费超过2.2万亿元，占GDP的比例达到4.28%，实现了《国家中长期教育改革和发展规划纲要（2010—2020年）》提出的4%目标，比20年前1993年的867亿元增加了25倍多，在我国教育发展史上是一个重要里程碑。但公共财政教育支出占公共财政支出比例基本维持在比较稳定的基础上，1993年公共财政教育支出占公共财政支出比例为15.57%， 2013年这一比例为16.13%。

从表2-9可以得出，1999年以来，普通小学、初中、高中和高等学校生均国家财政性教育经费都有了大幅增加，其中增加幅度最大的为义务教育阶段。普通小学生均国家财政性教育经费从1999年的568.70元增加到2013年的6901.77元，增加了12倍多，普通初中生均国家财政性教育经费从1999年的720.96元增加到2013年的6258.37元，增加了8倍多。从学历层次来看，学历层次越高，生均国家财政性教育经费越多。如1999年，普通小学、初中、高中和高等学校生均国家财政性教育经费分别为568.70元、720.96元、825.15元、10146.27元；2013年这一状况有了一点变化，小学生均国家财政性教育经费高于初中，普通小学、初中、高中和高等学校生均国家财政性教育经费分别为6901.77元、6258.37元、8448.14元、15591.72元。

表2-8 近二十年教育经费情况统计表(单位:亿元)

经费类别 年份	全国教育经费总投入	其中:国家财政性教育经费	其中:公共财政教育支出	公共财政教育支出占公共财政支出比例(%)	国家财政性教育经费占国内生产总值比例(%)
1993年	1059.94	867.76	676.61	15.57	2.46
2000年	3849.08	2562.61	2191.77	13.80	2.58
2010年	19561.85	14670.07	14163.90	15.76	3.65
2013年	27695.97	22236.23	20314.17	16.13	4.28

表2-9 近二十年各级教育生均国家财政性教育经费情况统计表(单位:元)

经费类别 年份	普通小学	普通初中	普通高中	普通高等学校
1999年	568.70	720.96	825.15	10146.27
2007年	2383.14	2799.63	2735.13	8246.58
2010年	4415.41	5567.34	4844.22	11396.57
2013年	6901.77	6258.37	8448.14	15591.72

注:国家财政性教育经费包括公共财政预算教育费,各级政府征收用于教育的税费,企业办学中的企业拨款,校办产业和社会服务收入用于教育的经费,其他属于国家财政性教育经费。国家财政预算内教育经费指中央、地方各级财政或上级主管部门在本年度内安排,并划拨到各级各类学校,单位,列入国家预算支出科目的教育经费,包括教育事业费拨款,科研经费拨款、基建拨款和其他经费拨款。在年份选择上,2000年《中国教育经费统计年鉴》关于教育经费统计年份为1999年,故在此表格中选取1999年数据,另1993年《中国教育统计年鉴》的统计中未统计相关数据。

　　笔者认为，当下教育经费大幅增加的情况下，这些经费如何使用才能促进教育公平需要做好顶层设计。经费的增加应该倾向于多做"雪中送炭"的事，少做"锦上添花"的事，改变既定教育经费分配方式，使新增教育经费主要向农村、边远、贫困和民族地区倾斜，向弱势群体倾斜，向义务教育阶段倾斜，通过这些经费做到保基本、补短板，才能实现促公平的效果。

（三）教育资源的均衡发展

　　由于长期以来我国社会发展的城乡二元结构以及重点学校政策等制度影响，区域差距、城乡差距、校际差距等形式的教育不公平在当下仍然表现突出。所以，从空间来看，今天促进教育公平依然责任重大、任务艰巨。下面，笔者通过《中国教育统计年鉴》的数据以及相关学校数据分析，对区域、校际在人力、物力、财力等方面存在的不公平进行研究。

　　1.各级教育人力资源的区域性差距

　　从上述图表可以得出，无论是教师数量还是教师质量，都存在较大的区域差距。

　　从教师数量来看，不同地区、不同层次学校的生师比存在较大差距，同一层级学校的区域性差距较为突出。如普通小学阶段生师比黑龙江为11.28，而广西为19.77；普通初中阶段差距更大，黑龙江为9.60，贵州为18.23；普通高中阶段北京为9.00，贵州为18.25；普通高校阶段青海为16.64，广东为19.56。

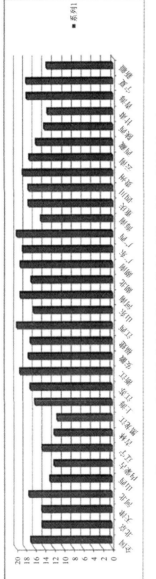

图2-9 2013年全国各省（市）普通小学生师比情况分析图（教师数=1）

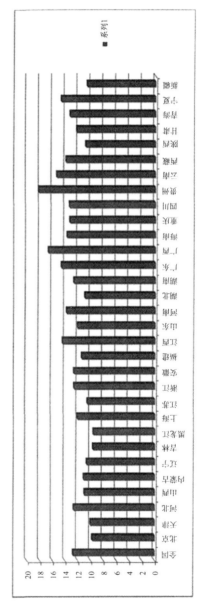

图2-10 2013年全国各省（市）普通初中生师比情况分析图（教师数=1）

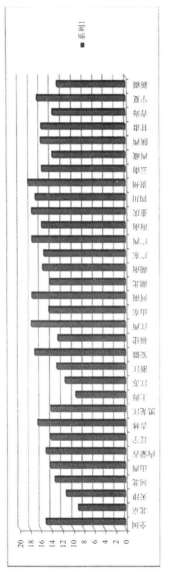

图2-11 2013年全国各省（市）普通高中生师比情况分析图（教师数=1）

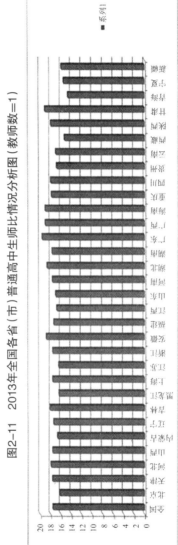

图2-12 2013年全国各省（市）普通高校生师比情况分析图（教师数=1）

注：办学条件指标测算办法：折合在校生数=普通本、专科（高职）生数+硕士生数*1.5+博士生数*2＋留学生数*3+预科生数+进修生数+成人脱产班产学生数+夜大（业余）学生数*0.3+函授生数*0.1；全日制在校生数=普通本、专科（高职）生数+研究生数+留学生数+预科生数+成人脱产班产学生数+进修生数；教师总数=专任教师数+聘请校外教师数*0.5。

表2-10 2013年各地区小学专任教师学历、职称情况统计表（%）

地区 \ 学历、职称	学历				职称					
	研究生	本科	专科	高中及以下	中学高级	小学高级	小学一级	小学二级	小学三级	未定职级
全国	0.36	36.88	50.09	12.67	2.06	52.28	33.67	3.17	0.22	8.60
北京	2.34	82.87	12.85	1.94	1.05	52.98	32.05	1.21	0.29	12.43
天津	1.30	63.98	26.95	7.77	2.93	76.57	16.28	0.30	0.05	3.86
河北	0.18	36.27	53.71	9.84	1.36	50.01	38.88	1.84	0.08	7.83
山西	0.20	36.55	52.98	10.27	0.55	37.64	47.82	4.60	0.48	8.91
内蒙古	0.38	45.67	45.69	8.25	22.21	48.68	19.47	1.70	0.00	7.94
辽宁	0.59	38.92	50.07	10.42	5.87	73.38	15.70	1.00	0.13	3.93
吉林	0.51	47.51	43.18	8.81	1.75	50.85	37.99	3.81	0.20	5.40
黑龙江	0.15	35.99	52.66	11.19	5.93	57.81	32.95	0.92	0.05	2.34
上海	2.24	68.13	27.23	2.40	1.89	49.36	34.23	1.13	0.12	13.27
江苏	0.76	61.37	30.83	7.03	4.40	63.33	25.38	1.31	3.87	5.58
浙江	0.58	64.06	30.01	5.35	2.68	53.97	31.79	1.09	0.09	10.37
安徽	0.14	30.96	51.91	16.98	0.86	56.00	32.42	3.04	0.13	7.55
福建	0.25	32.52	50.67	16.56	0.89	59.99	28.64	3.49	0.07	6.92
江西	0.15	30.18	48.49	21.18	1.64	50.75	31.09	5.97	0.18	10.38
山东	0.73	46.09	38.92	14.26	2.34	49.26	38.69	2.62	0.07	7.02
河南	0.19	30.68	55.32	13.81	1.49	46.71	37.46	3.67	0.29	10.39

续表

地区	学历				职称					
学历、职称	研究生	本科	专科	高中及以下	中学高级	小学高级	小学一级	小学二级	小学三级	未定职级
湖北	0.35	31.75	51.02	16.88	2.23	66.00	23.84	2.09	0.26	5.59
湖南	0.29	30.20	53.43	16.08	1.10	60.97	26.11	1.60	0.26	9.96
广东	0.45	33.88	55.73	9.94	0.41	62.56	17.52	2.83	0.76	15.93
广西	0.21	26.04	57.78	15.97	0.74	60.05	29.73	3.28	0.32	5.89
海南	0.06	15.99	67.28	16.67	0.57	47.23	39.90	7.30	0.10	4.91
重庆	0.41	34.19	56.11	9.30	0.85	41.97	48.18	3.00	0.23	5.77
四川	0.18	25.65	61.00	13.17	1.70	45.13	44.46	1.18	0.06	7.47
贵州	0.05	22.72	62.06	15.16	0.29	43.45	35.94	7.71	0.63	11.98
云南	0.18	28.89	55.57	15.36	0.32	51.56	35.10	6.59	0.10	6.34
西藏	0.09	28.10	64.06	7.74	1.73	32.19	47.07	6.68	0.92	11.41
陕西	0.38	41.64	47.58	10.40	0.81	37.12	50.92	4.70	0.00	6.46
甘肃	0.21	38.18	43.51	18.10	0.85	37.36	47.72	5.63	0.19	8.25
青海	0.39	41.69	49.11	8.80	3.77	60.45	25.41	1.62	0.22	8.52
宁夏	0.17	37.87	48.82	13.14	1.37	43.10	35.00	3.21	0.33	16.99
新疆	0.07	30.78	57.59	11.55	1.23	37.30	42.93	5.32	0.20	13.01

表2-11 2013年各地区初中专任教师学历、职称情况统计表（单位：%）

地区	学历				职称				
学历、职称	研究生	本科	专科	高中及以下	中学高级	中学一级	中学二级	中学三级	未定职级
全国	1.30	73.57	24.41	0.72	16.00	43.17	32.37	1.65	6.81
北京	10.13	87.18	2.59	0.11	19.61	39.11	33.10	0.32	7.86
天津	4.91	86.37	7.97	0.76	31.86	50.24	15.29	0.27	2.34
河北	0.95	76.06	22.43	0.55	15.52	46.87	30.76	1.04	5.81
山西	0.87	68.01	30.41	0.70	8.26	33.16	44.87	3.10	10.62
内蒙古	1.92	75.77	21.69	0.62	31.04	39.11	22.38	0.84	6.63
辽宁	1.63	77.96	19.86	0.55	41.62	37.14	16.46	1.12	3.66
吉林	1.57	79.91	18.07	0.45	13.07	47.65	32.72	0.94	5.62
黑龙江	0.71	75.07	23.39	0.82	22.71	49.11	24.77	0.70	2.71
上海	5.97	91.36	2.64	0.03	11.83	52.67	30.62	0.16	4.73
江苏	2.31	87.37	10.04	0.28	22.35	49.24	24.73	0.06	3.62
浙江	1.50	90.92	7.38	0.20	20.66	48.28	26.41	0.30	4.35
安徽	0.83	71.59	27.02	0.56	16.28	38.48	33.73	2.78	8.73
福建	1.00	81.70	16.79	0.51	18.28	43.76	33.49	0.97	3.50
江西	0.87	63.69	34.38	1.07	25.29	37.67	29.18	2.13	5.73
山东	1.72	78.73	18.89	0.65	14.51	46.15	33.59	0.80	4.95
河南	0.85	63.90	34.30	0.95	16.27	39.47	34.26	2.56	7.44

续表

地区 \ 学历、职称	学历				职 称				
	研究生	本科	专科	高中及以下	中学高级	中学一级	中学二级	中学三级	未定职级
湖北	1.13	65.07	32.94	0.86	17.97	54.55	21.86	1.47	4.16
湖南	1.03	67.21	29.93	1.83	10.46	53.02	28.01	0.95	7.56
广东	1.66	69.73	27.96	0.65	9.18	49.81	25.45	2.63	12.94
广西	0.69	72.15	26.24	0.92	9.69	53.71	29.83	1.78	4.99
海南	0.69	71.79	26.83	0.70	15.43	37.09	40.46	1.01	6.01
重庆	1.06	82.07	16.33	0.54	11.28	37.13	44.73	1.11	5.74
四川	0.54	68.07	31.04	0.34	13.99	40.68	38.77	0.66	5.90
贵州	0.32	66.86	31.98	0.84	8.82	33.51	40.72	3.17	13.77
云南	0.54	75.85	22.70	0.92	16.57	38.45	35.88	2.83	6.28
西藏	1.15	81.72	16.14	0.99	4.03	35.89	49.27	2.23	8.58
陕西	1.85	75.12	22.07	0.96	10.68	34.43	46.71	2.18	6.00
甘肃	0.61	73.30	24.93	1.16	7.43	31.97	50.80	3.03	6.77
青海	1.46	72.50	25.32	0.72	24.20	40.43	27.88	0.88	6.60
宁夏	1.00	84.40	14.16	0.45	17.15	31.90	34.68	1.11	15.15
新疆	0.48	65.85	33.33	0.35	16.29	29.81	41.10	3.59	9.21

表2-12　2013年各地区普通高等学校专任教师学历、职称情况统计表（单位：%）

地区	学　历				职　　称					
学历、职称	博士	硕士	本科	专科及以下	正高	副高	中级	初级	未定职级
全国	19.06	35.79	43.74	1.41	12.13	28.88	39.88	13.61	5.50
北京	53.44	27.03	18.60	0.93	24.84	34.78	33.44	4.17	2.77
天津	28.31	36.17	34.74	0.77	14.46	31.89	39.30	10.92	3.43
河北	12.02	34.60	52.19	1.18	13.62	29.20	39.19	13.05	4.94
山西	9.46	36.78	51.86	1.91	7.33	25.59	37.14	21.18	8.77
内蒙古	9.57	35.65	52.51	2.27	10.01	30.59	37.62	15.96	5.81
辽宁	19.51	37.59	41.48	1.42	13.80	30.80	40.34	10.56	4.50
吉林	19.85	38.88	40.23	1.05	15.05	31.39	37.99	14.24	1.32
黑龙江	20.01	34.57	44.80	0.62	15.39	31.40	40.93	9.23	3.06
上海	43.88	32.37	22.28	1.46	17.59	32.11	40.00	6.88	3.42
江苏	23.87	33.49	41.84	0.80	11.75	31.57	43.14	10.38	3.16
浙江	25.01	34.16	39.85	0.99	13.53	30.77	43.83	6.36	5.50
安徽	12.41	42.02	44.71	0.86	8.07	26.68	38.10	21.44	5.71
福建	18.11	35.63	45.16	1.10	11.11	27.54	38.58	17.18	5.59
江西	10.01	31.08	57.39	1.53	10.06	26.98	40.49	17.41	5.06
山东	15.89	35.68	47.02	1.41	10.27	27.78	43.00	15.19	3.76

续表

地区\学历、职称	学历				职称				
	博士	硕士	本科	专科及以下	正高	副高	中级	初级	未定职级
河南	12.01	37.62	49.06	1.31	8.52	26.52	39.82	19.88	5.25
湖北	20.91	36.47	41.01	1.61	12.49	30.52	38.08	13.75	5.16
湖南	15.07	31.78	51.57	1.58	11.06	28.71	41.71	12.17	6.35
广东	20.28	37.32	40.64	1.76	11.90	25.91	41.17	11.40	9.63
广西	10.60	42.80	45.25	1.35	10.43	26.75	38.69	13.26	10.87
海南	12.70	35.49	50.19	1.62	10.89	23.98	37.79	19.22	8.12
重庆	17.37	39.10	41.75	1.78	10.98	27.54	40.68	13.57	7.23
四川	15.10	37.21	45.37	2.33	10.42	25.78	39.80	17.95	6.05
贵州	8.31	34.61	55.19	1.89	9.86	31.59	34.98	14.00	9.58
云南	12.45	36.10	48.60	2.85	10.46	26.58	37.53	16.93	8.50
西藏	7.69	43.77	45.39	3.16	7.40	31.59	41.18	15.29	4.53
陕西	20.62	38.61	39.68	1.09	12.11	27.18	41.17	14.63	4.83
甘肃	11.95	39.28	47.54	1.23	10.87	29.02	39.24	14.86	6.02
青海	6.87	26.55	63.91	2.67	20.79	34.95	27.45	11.47	5.34
宁夏	10.13	33.78	54.06	2.04	14.40	27.23	31.50	13.77	13.11
新疆	9.61	38.00	50.27	2.11	6.60	27.99	44.48	11.96	8.98

　　从教师质量来看，区域性差距表现明显。学历层次上，无论是义务教育阶段的小学和初中，还是高等教育阶段，北京、上海、天津、江苏、浙江等省市专任教师的学历水平高于全国平均水平，更显著高于贵州、广西、云南等省份。如北京小学阶段专任教师中本科及以上学历比例为85.21%，比全国平均水平高了47.97个百分点，上海这一比例为70.37%，天津为65.28%，而海南这一比例仅为16.05%，不到北京的五分之一；初中阶段专任教师中本科及以上学历比例北京、上海、天津、江苏、浙江分别为97.31%、97.33%、91.28%、89.68%、92.42%，而与此形成对比的是，江西这一比例为64.56%，河南为64.75%，湖北为68.24%，贵州为67.18%，其中研究生学历方面，北京为10.13%，上海为5.97%，远远高于贵州的0.32%、新疆的0.48%、云南的0.54%、四川的0.54%等；高等教育阶段，北京高校专任教师中研究生学历的比例为80.47%，其中博士学历的比例高达53.44%，上海这一比例为76.25%，其中博士学历的比例为43.88%，而青海这一比例分别为33.42%和6.87%。从职称水平来看，区域差异同样较为明显，如小学阶段专任教师中小学高级和中学高级比例，天津为79.50%，辽宁为79.25%，内蒙古为70.89%，而山西为38.19%，西藏为33.92%，陕西为37.93%；初中阶段专任教师中中学高级比例，全国为16.00%，辽宁高达41.62%，天津为31.86%，内蒙古为31.04%，与此形成对比的是，西藏这一比例为4.03%，山西为8.26%，甘肃为7.43%；高等教育阶段，全国普通高校高级职称比例为41.01%，北京为59.62%，天津为46.35%。上海为49.70%，山西为32.92%，安徽为34.75%，其中北京高校专任教师中，平均每4人中就有1位是正高级职称专任教师，新疆近17人中才有1人是正高级职称专任教师，西藏、山西接近14人中才有1人是正高级职称专任教师。

　　从上述分析中可以得出，教师数量与区域经济、教育资源分布没有直接相关性，各级教育中专任教师的学历水平与区域经济、教育资源分布呈现出明显的相关性，各级教育中专任教师的职称水平与区域经济、教育资源分布有一定相关性，但并不显著。出现上述情况，笔者认为主要是因为师生比、称职比例与各省（市）教育发展的历史和相关政策有着比较直接的关系，而教师的学历水平与区域经济发展以及教育水平有着直接关系。

2.各级教育财力资源的区域性差距

从图2-13、图2-14、图2-15、图2-16可以看出，我国各级教育生均公共财政预算教育经费间存在巨大差距，同一层级教育的区域性生均公共财政经费差距更加明显。如从全国平均水平来看，大学生生均公共财政预算教育经费最高，为15591.72元，是小学生的2.26倍。从区域来看，区域间的公共财政预算教育经费差距如此之大必然导致教育在区域间的发展不公平。如北京普通小学生生均公共财政预算教育经费21727.88元，初中32544.37元，高中36763.03元，大学47629.14元，上海这一组数据分别为19518.03元、25445.47元、30593.83元、30186.34元，河南为3913.95元、6453.79元、5617.66元和10681.49元，北京普通小学生生均公共财政预算教育经费是河南的5.55倍，北京的大学生生均公共财政预算教育经费是安徽的4.71倍。即便考虑了物价的地域差距等因素，如此巨大的差距本身既是不公平的重要体现也为制造更大的不公平创造条件。上述所统计的数据仅仅是地区间平均数之间的差距，如果考虑到校际差距，即便是同一地域内的不同学校差距也已很巨大，如果把作为极端两头的生均公共财政预算教育经费较少省市的薄弱学校与生均公共财政预算教育经费较高省市的优势学校之间的差距进行比较，差距显而易见。

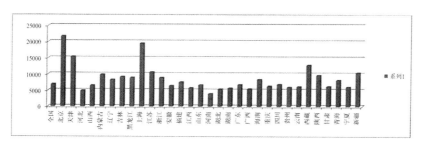

图2-13　2013年各省（市）普通小学教育生均公共财政预算教育事业增长统计图（单位：元）

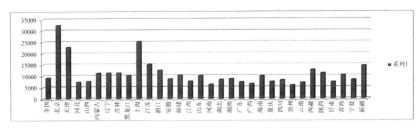

图2-14 2013年各省(市)普通初中教育生均公共财政预算教育事业增长统计图(单位: 元)

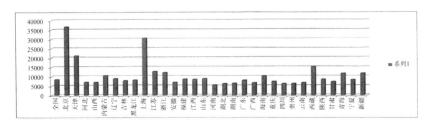

图2-15 2013年各省(市)普通高中教育生均公共财政预算教育事业增长统计图(单位: 元)

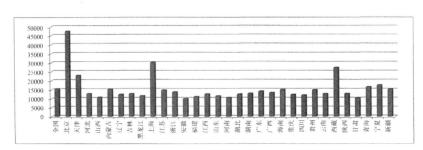

图2-16 2013年各省(市)普通高校教育生均公共财政预算教育事业增长统计图(单位: 元)

表2-13 2013年小学阶段生均物力资源的城乡统计表

资源 区域	图书 (册)	运动场地 (m²)	教学用计算机 (台)	教室(网络多媒体教室) (间)	教学仪器产值 (元)
全国	18.92	7.23	0.0634	0.0371(0.0100)	766
城区	19.81	4.49	0.1045	0.0262(0.0151)	1221
镇区	17.82	5.83	0.0572	0.0296(0.009)	608
农村	19.30	11.04	0.0506	0.0543(0.007)	539

表2-14　2013年小学阶段生均物力资源的地区统计表

资源\区域	图书（册）	运动场地（m²）	教学用计算机（台）	教室（网络多媒体教室）（间）	教学仪器产值（元）
全国	18.92	7.23	0.0634	0.0371（0.0100）	766
北京	33.65	7.03	0.2165	0.0404（0.0341）	5574
天津	31.11	8.54	0.1222	0.0398（0.0178）	1433
河北	22.39	9.16	0.0690	0.0507（0.0096）	564
山西	19.34	8.21	0.0602	0.0453（0.0110）	619
内蒙古	17.84	13.08	0.0546	0.0364（0.0099）	722
辽宁	21.59	12.31	0.0863	0.0351（0.0109）	1091
吉林	18.13	17.16	0.0501	0.0468（0.0063）	724
黑龙江	13.17	16.76	0.0588	0.0417（0.0078）	738
上海	28.60	3.74	0.1509	0.0303（0.0257）	2671
江苏	22.49	7.31	0.1153	0.0320（0.0185）	1367
浙江	25.55	5.85	0.1396	0.0296（0.0228）	1258
安徽	17.76	6.96	0.0494	0.0423（0.0097）	492
福建	24.15	7.39	0.0889	0.0384（0.0139）	1049
江西	11.73	5.67	0.0265	0.0318（0.0042）	287
山东	21.41	9.53	0.0913	0.0347（0.0154）	722
河南	15.30	5.13	0.0270	0.0441（0.0060）	319
湖北	25.04	6.88	0.0842	0.0344（0.0135）	924
湖南	17.28	4.77	0.0385	0.0235（0.0042）	483
广东	21.67	7.01	0.0728	0.0316（0.0117）	1116
广西	13.20	5.23	0.0201	0.0377（0.0040）	393
海南	15.47	9.49	0.0454	0.0323（0.0040）	706

续表

资源\区域	图书（册）	运动场地（m²）	教学用计算机（台）	教室（网络多媒体教室）（间）	教学仪器产值（元）
重庆	13.62	6.32	0.0601	0.0290（0.0135）	773
四川	15.74	4.59	0.0458	0.0342（0.0053）	722
贵州	15.25	5.67	0.0328	0.0383（0.0050）	403
云南	15.93	4.08	0.0378	0.0361（0.0047）	448
西藏	15.58	6.36	0.0888	0.0318（0.0023）	796
陕西	26.72	7.61	0.0779	0.0479（0.0077）	812
甘肃	18.96	10.58	0.0569	0.0457（0.0058）	618
青海	18.94	6.80	0.0748	0.0432（0.0073）	675
宁夏	17.50	10.83	0.0793	0.0421（0.0110）	1147
新疆	12.77	10.19	0.0597	0.0313（0.0130）	816

表2-15 2013年初中阶段生均物力资源的城乡统计表

资源\区域	图书（册）	运动场地（m²）	教学用计算机（台）	教室（网络多媒体教室）（间）	教学仪器产值（元）
全国	28.23	9.11	0.0992	0.0336（0.0140）	1301
城区	25.61	6.88	0.1117	0.0299（0.0177）	1720
镇区	27.05	9.04	0.0877	0.0319（0.0123）	1064
农村	36.02	13.19	0.1080	0.0451（0.0121）	1206

表2-16 2013年初中阶段生均物力资源的地区统计表

资源\区域	图书（册）	运动场地（m²）	教学用计算机（台）	教室（网络多媒体教室）（间）	教学仪器产值（元）
全国	28.23	9.11	0.0992	0.0336（0.0140）	1301
北京	30.17	10.90	0.2110	0.0390（0.0297）	5357

续表

资源 区域	图书 （册）	运动场地 （m²）	教学用计算机 （台）	教室（网络多媒体教室） （间）	教学仪器产值 （元）
天津	34.94	11.84	0.1226	0.0349（0.0160）	2017
河北	43.81	10.71	0.0941	0.0435（0.0148）	1033
山西	24.99	8.73	0.0855	0.0340（0.0117）	960
内蒙古	24.63	14.62	0.0759	0.0336（0.0112）	1211
辽宁	37.31	17.66	0.1591	0.0472（0.0189）	2173
吉林	25.61	17.45	0.0965	0.0405（0.0111）	1329
黑龙江	20.55	17.82	0.1052	0.0441（0.0130）	1470
上海	52.03	8.27	0.2816	0.0501（0.0415）	5195
江苏	40.51	13.30	0.1821	0.0432（0.0277）	2659
浙江	41.31	11.18	0.2137	0.0403（0.0331）	2259
安徽	26.42	8.45	0.0842	0.0377（0.0125）	1096
福建	24.45	7.79	0.0843	0.0248（0.0112）	1102
江西	20.39	7.19	0.0581	0.0250（0.0071）	694
山东	34.53	12.21	0.1374	0.0347（0.0223）	1366
河南	24.68	6.72	0.0641	0.0358（0.0108）	645
湖北	38.60	9.69	0.1161	0.0345（0.0188）	1730
湖南	30.79	8.12	0.0794	0.0266（0.0075）	1048
广东	27.25	7.72	0.1003	0.0290（0.0155）	1659
广西	18.75	4.98	0.0522	0.0203（0.0095）	709
海南	21.72	9.57	0.0746	0.0259（0.0059）	1194
重庆	14.39	5.67	0.0666	0.0211（0.0118）	906
四川	28.13	7.36	0.0828	0.0391（0.0089）	1311

续表

资源 区域	图书 （册）	运动场地 （m²）	教学用计算机 （台）	教室（网络多媒体教室） （间）	教学仪器产值 （元）
贵州	22.29	5.93	0.0551	0.0253（0.0056）	606
云南	18.69	4.74	0.0636	0.0213（0.0073）	642
西藏	20.84	6.52	0.0700	0.0226（0.0032）	1050
陕西	36.62	8.16	0.1087	0.0390（0.0102）	1287
甘肃	24.64	8.12	0.0891	0.0417（0.0097）	989
青海	33.76	10.27	0.1278	0.0393（0.0126）	1310
宁夏	21.73	10.33	0.1059	0.0287（0.0106）	1746
新疆	25.80	13.72	0.1090	0.0399（0.0184）	1598

表2-17   2013年普通高校生均物力资源的地区统计表

资源 区域	图书 （册）	运动场地 （m²）	教学用计算机 （台）	教室（网络多媒体教室） （间）	教学仪器产值 （元）
全国	85.28	4.84	0.2800	0.0224（0.0102）	12421
北京	129.32	4.11	0.4756	0.0225（0.0150）	48608
天津	90.22	5.08	0.2702	0.0182（0.0078）	15460
河北	76.80	6.12	0.2424	0.0187（0.0084）	8331
山西	77.36	4.90	0.2069	0.0267（0.0090）	7723
内蒙古	79.94	5.95	0.2718	0.0287（0.0108）	10783
辽宁	81.19	5.14	0.3122	0.0282（0.0088）	11153
吉林	88.57	4.88	0.2563	0.0197（0.0064）	12086
黑龙江	92.21	5.65	0.3082	0.0251（0.0082）	14350
上海	109.79	4.41	0.4523	0.0229（0.0133）	30315
江苏	87.49	4.82	0.3744	0.0216（0.0127）	15713

续表

资源 区域	图书（册）	运动场地（m²）	教学用计算机（台）	教室（网络多媒体教室）（间）	教学仪器产值（元）
浙江	92.61	4.79	0.3714	0.0218（0.0133）	16347
安徽	73.50	5.06	0.2181	0.0229（0.0082）	9040
福建	86.65	4.98	0.2803	0.0218（0.0103）	11042
江西	89.77	5.74	0.2752	0.0244（0.0082）	9323
山东	89.95	4.96	0.2576	0.0240（0.0097）	10177
河南	82.92	4.56	0.2422	0.0227（0.0094）	7562
湖北	81.92	4.31	0.2588	0.0167（0.0084）	10805
湖南	83.84	4.86	0.2570	0.0227（0.0122）	9221
广东	75.55	3.95	0.2662	0.0139（0.0091）	10720
广西	78.16	4.27	0.2646	0.0197（0.0087）	8846
海南	79.52	4.61	0.2452	0.0451（0.0108）	9195
重庆	78.43	5.03	0.2632	0.0203（0.0112）	9286
四川	79.99	4.37	0.2386	0.0208（0.0099）	11065
贵州	83.93	5.49	0.2368	0.0333（0.0111）	8242
云南	86.38	5.06	0.2468	0.0227（0.0099）	7718
西藏	97.18	7.02	0.2820	0.0224（0.0114）	11567
陕西	83.58	3.99	0.2294	0.0212（0.0076）	11783
甘肃	68.02	4.08	0.1959	0.0167（0.0058）	8352
青海	90.58	6.45	0.2562	0.0231（0.0059）	10531
宁夏	76.43	6.81	0.3172	0.0862（0.0547）	12112
新疆	97.78	7.36	0.2820	0.0507（0.0254）	10979

注：本统计中普通高校学生数指实际在校研究生数和本专科学生数的总和，没有折合为标准学生数。

从各级教育物质资源的统计表格中可以得出，从学校层级纵向来看，高等教育生均物资资源的占有情况明显优于初中阶段，初中阶段生均物资资源的占有情况明显优于小学阶段。如全国普通高校生均图书为85.28册，初中为28.23册，小学为18.92册；全国普通高校生均教学用计算机为0.28台，初中为0.0992台，小学为0.0634台，意味着约每4名大学生拥有一台教学用计算机，约每10名初中生拥有一台教学用计算机，约每16名小学生拥有一台教学用计算机；教学（科研）仪器产值方面，全国普通高校生均为12421元，初中为1301元，小学为766元；在运动场地、教室资源方面，没有明显差距。

从区域来看，生均图书拥有量、生均教学用计算机、网络多媒体教室、教学仪器产值整体表现出与区域经济发展、教育资源分布呈正相关关系。如生均图书拥有量方面，北京小学生为33.65册，天津为31.11册，上海为28.60册，浙江为25.55册，湖北为25.04册，而江西为11.73册，新疆为12.77册；北京初中生为30.17册，天津为34.94册，上海为52.03册，浙江为41.31册，湖北为38.60册，而江西为20.39册，广西为18.75册，云南为18.69册；北京市高校的大学生为129.32册，天津为90.22册，西藏为97.18册，安徽为73.50册，甘肃为68.02册。教学用计算机方面，北京小学生人均为0.2165台，天津为0.1222台，上海为0.1509台，广西为0.0201台，江西为0.0265台；北京初中生人均0.2110台，天津0.1226台，上海0.2816台，江西0.0581台，贵州0.0551台；北京市高校的大学生人均0.4756台，上海为0.4523台，甘肃为0.1959台。上述数据意味着，在北京不到5名小学生就拥有一台教学用计算机，在天津超过8名小学生拥有一台教学用计算机，而江西每37名小学生才拥有一台教学用计算机，广西每50名小学生才拥有一台教学用计算机，在初中和大学阶段，同样存在差距，但差距随着学校层次的提升不断缩小。教学仪器产值方面，北京小学生生均5574元，上海2671元，河南319元，广西393元，安徽492元，贵州403元，云南448元；北京初中生生均5357元，上海5195元，河南645元，广西709元，江西694元，贵州606元，云南642元；北京市高校大学生生均48608元，上海30315元，河南7562元，山西7723元，云南7718元。

从统计数据可以看出，当前无论是义务教育阶段，还是高等教育阶段，代表教育质量的关键性物质资源差距明显，小学生生均教学用计算机、生均教学仪器产值等方面区域差距达到10倍以上。尽管在运动场地等物资资源方面各区域所表现出的差距并不明显或没有差距，但对于教育质量有着更为重要影响的关键性物质资源差距如此之大，使得我们必须承认，促进教育公平，缩小教育差距任务还非常艰巨。

综上所述，随着政府对教育投入的增加，教育资源这块蛋糕的总盘子越来越大，但并不意味着教育不公平的状况得到本质上改变。当前教育不公平的变化主要表现为在时间的纵轴上教育整体状况得以好转，但在具体时间点上的关涉个体发展的实质性受教育公平状况并未彻底好转，各级教育中体现教育质量和水平的各项指标的区域性差距仍非常突出。

第一，在人力资源方面，教师数量与区域经济、教育资源分布没有直接相关性，各级教育中专任教师的学历水平与区域经济、教育资源分布呈现出明显的相关性，各级教育中专任教师的职称水平与区域经济、教育资源分布有一定相关性，但并不显著。如教师质量上，学历层次和职称水平方面同样存在较大区域差距，北京、上海等东部地区相关省市的专任教师学历水平明显高于全国平均水平，更显著高于经济欠发达的西部省份，职称水平同样呈现这一差距。

第二，在财力资源方面，各级教育生均公共财政预算教育经费间存在巨大差距，中学生生均经费普遍高于小学生，大学生生均经费普遍高于中学生，同一省市大学生生均经费基本高于小学生1.5倍至3倍；如果说各级教育生均经费存在差距是因为不同级别学生培养所需成本差距导致的，其差距存在具有合理性，但同一层级教育的区域性生均公共财政经费存在明显差距，且这一差距高于同一地区不同级别教育的差距，即便考虑区域物价水平等因素，也严重影响教育公平，具有不合理性。

第三，在物质资源方面，当前无论是义务教育阶段，还是高等教育阶段，代表教育质量的关键性物质资源差距明显，小学生生均教学用计算机、生均教学仪器产值等方面区域差距达到10倍以上。尽管在运动场地等物资资源方面各区域所表现出的差距并不明显或没有差距，但对于教育质量有着更为重要影响的关键性物质资源差距如此之大，使得我们必须承认，促进教育公平、缩小教育差距的任务还非常艰巨。伴随就近入学政策等制度因素影响，个体对接受教育的区域性没有选择权，任何受教育者无论是出生的地域还是上学的地域，都不以个人意志为转移。从《中国教育统计年鉴》2013年的相关数据可以清晰地得出，因个体没有选择权的区域教育资源在人力、物力、财力等方面存在的巨大差距，可能影响一个人的成长和发展，阻碍正常的代际流动，与教育公平的价值追求背道而驰，与社会主义核心价值观也背道而驰。

（四）高考公平正义

高考作为全国最为重要的考试制度，既是义务教育阶段教育公平的结果性公平的直接反映，也是当下社会公众对教育公平追求的最核心诉求之一。高考是受教育者从普识教育通往专业教育的第一环节和必经环节，也是奠定个体今后社会资源、经济资源、文化资源获取能力的重要分水岭。对于任何一个受教育者来说，受教育过程中遭受到的人力、物力、财力等方面的不公平最终通过高考反映出来或予以实现。如果当前高考作为指挥棒，把考察受教育者的劳动水平作为进入高校的考核内容，那么我们所研究的教育不公平可能就是对城市学生教育的不公平。所以，研究教育公平问题必须要对高考的公平状况进行研究。下面笔者通过具体数据对指挥棒层面的高考公平情况进行分析。

从表2-18可以看出，高中升大学的比例已经很高。近20年高中升大学的比例已经大幅提高，由1993年的43.3%提高到2013年的87.6%，这一比例意味着绝大部分高中生都可以接受高等教育，特别如江苏等部分省份已经开始施行注册入学等政策，上大学已经不再是梦想。当上大学不再是梦想之后，上什么样的大学就成为衡量教育公平的又一考察要素。一般意义而言，接受本科教育与接受专科教育有着差距，接受清华、北大等名牌大学教育的学生在未来发展的起点及结果方面与普通职业技术专科学院的毕业生也存在差距。所以，在大家基本都能接受高等教育的前提下考察哪些学生可以接受本科教育，哪些学生只能接受专科教育，哪些学生能够进入北大、清华这样的名校，哪些学生只能接受普通高校的教育具有重要价值。

表2-18　各级学校毕业生升学率统计表（单位：%）

年份 学校级别	小学升初中	初中升高中	高中升大学
1993年	81.8	44.1	43.3
2000年	94.9	51.2	73.2
2010年	98.7	87.5	83.3
2013年	98.3	91.2	87.6

表2-19中统计了2013年各省份高中毕业生数、本专科招生数的情况，从统计中可以发现，北京、天津、上海等3个直辖市高校本科招生的人数远远高于当地高考学生数，尽管这一招生人数只能说明这些地区本科高校比较集中而不能直接说明这些地区高中生接受本科教育的机会相比其他地区更大，但在高考指标投放过程中的向属地化倾斜的事实使得我们不得不承认这些地区高中生接受本科教育的机会相比其他地区更大。上面，笔者选取了中国高等教育最具优质资源代表性的"985"高校2014年在各省的招生指标投放情况，从表2-19中可以得出，2014年北京市平均每24名高考考生就有1人能够被"985"高校录取，天津为18人，上海为24人，安徽为95人，广东为102人；北京、上海、天津三个市的高考报考人数占全国报考总人数的1.95%，但这三个市却拥有6.05%

的"985"大学录取指标。

表2-19 2013年各省份高中毕业生数、本专科招生数统计表（单位：人）

省份	高中毕业生人数	本科招生数	专科招生数
北京	58072	183685	79833
天津	61167	98247	73100
河北	404522	222389	221882
山西	286103	134497	135407
内蒙古	161587	83690	83165
辽宁	231626	206449	154980
吉林	157117	150731	102731
黑龙江	206088	168917	117827
上海	52675	128432	63175
江苏	425924	328078	279791
浙江	296105	184178	208886
安徽	416723	195251	209417
福建	231800	142194	128352
江西	240907	149702	167216
山东	509383	322900	334179
河南	631289	299050	321751
湖北	391211	257325	256155
湖南	316720	206526	213045
广东	723659	313120	419517
广西	241922	126033	172172
海南	53651	29654	27653
重庆	214128	117653	128928
四川	485487	222522	300478

续表

省份	高中毕业生人数	本科招生数	专科招生数
贵州	210409	82766	75336
云南	209987	127274	104580
西藏	14734	9208	5519
陕西	317569	196372	158487
甘肃	216530	84785	70950
青海	33081	11756	8800
宁夏	49770	21613	22511
新疆	139843	47492	64952

表2-20　2014年不同省份高中毕业生数、"985"高校在不同省份招收普通本科计划数统计表

省份	高中毕业生人数（单位：人）	高考报考人数（万人）	"985"高校招收普通本科计划数（单位：人）
北京	63564	7.05	2917
天津	61230	6.25	3501
河北	362863	41.82	6168
山西	273772	34.16	4393
内蒙古	162020	19.47	2869
辽宁	232260	23.73	5338
吉林	154470	16.02	4960
黑龙江	200179	20.4	4050
上海	51131	5.2	2195
江苏	398406	42.62	5475
浙江	297832	30.86	6350
安徽	432296	52.7	5511
福建	231528	25.5	4600

续表

省份	高中毕业生人数（单位：人）	高考报考人数（万人）	"985"高校招收普通本科计划数（单位：人）
江西	276492	32.5	4541
山东	543308	55.8	8626
河南	607119	72.4	8382
湖北	352285	40.27	7544
湖南	320333	37.8	5855
广东	733438	75.6	7430
广西	255079	31.5	3890
海南	58121	6.1	1049
重庆	222498	25.06	5077
四川	507258	57.17	8439
贵州	239828	29.28	3312
云南	222907	25.59	3224
西藏	16317	1.96	413
陕西	304720	35.3	6711
甘肃	227277	29.7	4351
青海	33388	3.97	1169
宁夏	55642	6.42	1452
新疆	142533	16.26	2632

备注：1.高考人数数据来源：http://edu.sina.comxn/gaokao/2014-05-13/1826418347.shtml。

2."985"高校招收普通本科计划数根据各高校网站公布的招生人数进行计算，其中北京大学2014年未在学校招生网上公布招生计划数，其数据为2013年该校在全国各省招生计划数，但根据高考招生计划数相对稳定的特点，数据对结果分析不造成实质影响。

3.招生计划数与实际录取数之间存在一定偏差，但偏差一般在可控范围，对结果的分析不造成实质影响。

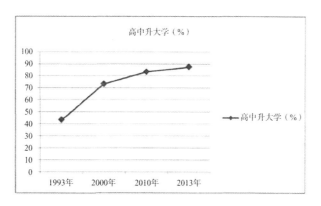

图2-17 近二十年我国高中升大学比例变化图（单位：%）

无可否认，高考在当前我国教育活动中是一个牵一发而动全身的指挥棒，其在教育中的位置作为国人无人不知晓，对高考的任何"举动"所形成的影响和实际影响到的人可谓范围甚广，对一个人的成长和发展可谓影响深远。学生通过高考进入高校接受高等教育，从社会和国家层面而言，是"培养德智体美全面发展的社会主义建设者和接班人"；从受教育者层面而言，是"宝剑锋从磨砺出，梅花香自苦寒来"的"跃龙门"。也正因为此，改变当前教育不公平，促进教育公平就不得不考虑高考的公平，其公平状况的重要意义不言而喻。更武断地说，当前研究促进义务教育阶段的教育公平主要是围绕着"高考公平"这一核心问题而展开，强调义务教育公平本质上是通过公平的义务教育帮助全体受教育者在高考的指挥棒面前能够"公平被对待"，且判断义务教育阶段受教育者接受教育公平与否往往通过高考升学率、进入重点大学学习情况等具体量化指标来具体体现。

从上述数据分析，各地区高考公平状况已清晰可见。笔者认为要改变当前这一不公平现状，促进高考公平，可以从以下几点着手：

第一，统考。所谓统考，即统一考试，采取相同的试卷在同一时间考试，过去相当一段时间国家所采取的高考方式。在统考时，立足教育公平需要注意考试内容的公平性，即考察的知识点的公平，关于此，笔者在第五章将进一步论述。之所以过去相当一段时间国家采取全国统考而后来被所谓的分省考试改革所取代，笔者认为与统一考试相伴的相同分数的不同录取结果的省份之间的差距这一赤裸裸的不公平遭受公众普遍质疑有较大关系，尽管在进行改革前会有所谓的官方说辞，但其说服力和公信力是一个问题。现行硕士研究生相关科目和部分专业课实行全国统考在某种程度上佐证了笔者的判断和主观臆断。

第二，统分。所谓统分，就是在分数面前人人平等，同一分数拥有相同的高校选择权，实际上目前高考通过分省考试使得分数的不可比较性有效地隐蔽了这一不公平，但隐蔽不等于化解和消除，同一分数面前的不同高校选择权依然客观存在，因为高校招生指标的差距必然造成这一结果，据笔者上述统计数据可以推断出，2014年北京、天津考生被"985"高校录取的机会是安徽、广东的4倍。基于此，形成可供比较的"同一分数"是前提，"同一分数"面前的同等选择权是重点。

第三，统录。所谓统录，就是高校在选拔新生时要一视同仁地对待考试者。统录最核心的就是高校指标的分配，当前高考不公平在很大程度上表现为录取指标分配的不公平并由此而形成的不同省份的学生在获取高校录取指标的机会上存在差距，要改变当前严重的高考不公平，促进高考公平，改变既定的以省份为单位的指标分配方式，实行全国范围内统录，笔者认为是一个值得提倡的价值取向，尽管这一提法必然遭到以"不可行"为代表的各种理由的否定，但笔者仍单纯地坚持这一观点，因为研究生全国范围内的统招已为这一思路提供实践基础，若要不可行，阻力更可能来自于它打破了传统利益分配模式而遭到以北京、上海为主要受益代表的既得利益者的反对。除了统一高考，高校自主招生作为当前统一高考招生录取的一种补充，存在的主要目的是为了选拔具有学科特长和创新潜质的优秀学生，但当前由高校主导的自主招生的公平性遭到普遍质疑，"面对高校自主招生的公平性问题评价，54.88%的应届考生和家长认为是'自主招生机会主要为城市学生获得，助长不公平'；43.18%的应届考生和家长认为'很不公平，令人不信任'，38.04%的应届考生和家长认为'不太公平，公信力明显缺乏'；观点相反的'很公平，令人信任'和'比较公平，公信力有所欠缺'的群体比例分别占2.92%、15.86%"。因此，如何在高考统录过程中采取有效措施确保高校自主招生的公平，也是促进教育公平的关注点。

小结

教育资源配置公平作为实质性公平的主要表现形式，在义务教育阶段强调无差距接受教育过程中应该具有更加重要的作用。当前义务教育阶段的资源配置，特别是高水平师资队伍的差距已经严重影响了教育质量及其通过教育质量影响到个体的发展。所以，促进教育公平在义务教育阶段最为迫切的任务是实现教育资源配置的公平。在非义务教育阶段，尤其是高等教育阶段，公平的教育还应该注重考察个人在学习过程中的努力等自致性因素，机会性公平作为受教育权利公平主要呈现形式，应该占据更加重要作用。

当前，根据上述对《中国教育统计年鉴》相关年份的数据及其他相关数据的统计分析，可以得出以下结论：

（一）从先赋性因素对受教育机会的影响来看，近20年来，性别因素对受教育机会的影响已经发生根本性变化，当下研究促进教育公平问题时，改善女生在接受各级教育中的公平状况不应该成为立脚点和主要的关注点；民族因素在义务教育阶段的受教育机会方面没有显著差距，改善少数民族学生接受高等教育的机会公平成为主要关注点；在免费义务教育真正成为受教育者的权利与义务之后，义务教育受教育机会已经不再是一种稀缺教育资源，城乡孩子在义务教育阶段受教育机会没有明显差距，但考察哪些人上好学，哪些人享受优质教育资源是促进教育公平的重要关注点。

（二）从不同教育资源分配对教育公平的影响来看，教育不公平的城乡差距、校际差距主要是师资水平的差距，要缩小教育差距，促进教育公平，提高薄弱地区、薄弱学校的师资质量是关键；生均校舍建筑面积、生均教学行政用房等物质资源方面存在一些差距，但这种差距有利于农村，这说明在物质资源基本保障的情况下，生均校舍建筑面积、生均教学行政用房等物质资源对教育公平的影响是有限的；在当下教育经费大幅增加的情况下，这些经费如何使用才能促进教育公平需要做好顶层设计，经费的增加应该倾向于多做"雪中送炭"的事，少做"锦上添花"的事，改变既定教育经费分配方式，使新增教育经费主要向农村、边远、贫困和民族地区倾斜，向弱势群体倾斜，向义务教育阶段倾斜，通过这些经费做到保基本、补短板，才能实现促公平的效果。

（三）随着政府对教育投入的增加，教育资源这块蛋糕的总盘子越来越大，但并不意味着教育不公平的状况得到本质上改变，教育不公平的变化主要表现为之前教育资源薄弱情况下的低水平教育不公平得以好转，关涉个体发展的实质性受教育的公平状况并未彻底好转，各级教育中体现教育质量和水平的各项指标的区域性差距仍非常突出，特别是作为衡量基础教育阶段的结果公平和高等教育阶段的机会公平的高考，同样存在不公平现象。

（四）高考作为全国最为重要的考试制度，是当下社会公众对教育公平追求的最核心诉求之一。当前高考随着高校扩招，接受高等教育的绝对人数大幅提升，但区域差距大、优质高等教育资源分配不公平、高考评价方式不公平等现象还突出存在。

综上所述，近20年来我们对教育公平的价值追求主要出现两个转向：一是由追求义务教育阶段入学机会平等向追求高等教育入学机会平等转变。因为无论是性别、城乡还是民族，义务教育阶段的入学率都维持在很高的水平，已经做到《义务教育法》所规定的"凡具有中华人民共和国国籍的适龄儿童、少年，不分性别、民族、种族、家庭财产状况、宗教信仰等，依法享有平等接受义务教育的权利，并履行接受义务教育的义务"，但事实上高等教育入学率却存在较大差距；二是由追求能够接受教育的机会公平向追求接受高质量的过程公平转变。当前学生在义务教育阶段所面临的问题不是能不能上学的问题，而是上好学的问题，尽管随着经济社会发展，学校在人力资源、物质资源和财力资源等方面相比过去已经有了很大程度的改善，每一个孩子都能接受教育，但孩子接受教育的质量却存在很大差距，特别是师资水平等软条件的差距所造成的教育不公平应当成为关注的重点。

第三章　高等教育公平的研究述评

随着高等教育的日益普及，实现高等教育公平成为人们的心愿，也成为国家教育事业的关键点之一。《国家中长期教育改革和发展规划纲要（2010—2020年）》提出："把促进公平作为国家基本教育政策，教育公平是社会公平的重要基础。"①提高教育质量，促进教育公平，是实现社会平等"最伟大的工具"，也是高等教育的核心任务和永恒主题。教育社会学界普遍认为要实现高等教育公平，要从高等教育的起点、过程、结果三方面共同努力。

一、高等教育起点公平问题

20世纪90年代中后期，学者们开始关注高等教育入学公平问题，并对这一问题开展了一系列的研究。通过分析发现，学者们针对高等教育起点公平问题的研究要从高等教育入学公平来研究，主要有以下几个角度：

（一）家庭背景对高等教育入学公平的影响

文东茅《家庭背景对我国高等教育机会及毕业生就业的影响》一文中的调查数据证实，家庭背景与其子女接受的教育类型及未来发展有着明显差异，家庭背景与学生的高考成绩密切相关，进而影响学生接受高

---

① 国家中长期教育改革和发展规划纲要（2010—2020年）[EB/OL]. [2010-07-29]http：//www. gov. cn/jrzg/2010-07/29/content_1667143. htm.

等教育的机会与层次。比较研究发现，"985""211"院校、一般本科院校、公办专科院校学生的家庭综合实力依次降低。王伟宜、谢作栩经过调查分析证明，子女接受什么样的教育与其父母的受教育程度相关，且父母的文化水平越高，文化资源越是优质，其子女所拥有的高等教育入学机会越多，接受的高等教育资源越是优质，并且这一现象具有代际传递性。周丽萍、岳昌君在《从入口到出口：家庭背景对高等教育公平的影响——来自2017年全国高校毕业生就业调查的证据》中通过调查得知，家庭背景对高等教育数量和质量、大学生学业表现以及就业结果均有影响，教育背景体现为家庭的一种文化资本，会影响学生成长过程和学习过程，最终影响孩子的文化能力，决定他们接受何种高等教育。

（二）社会阶层对高等教育入学公平的影响

徐水晶在《中国高考制度隐形社会排斥透视》中认为，隐形社会排斥在高考制度中表现明显：社会弱势阶层因经济实力较低、人脉资源较少等因素，无法与本就占有大量社会资本的优势阶层抗衡，弱势阶层高等教育权利减少，高等教育入学机会减少，通过教育实现阶层流动的目的难以实现。吴愈晓《教育分流体制与中国的教育分层（1978-2008）》通过分析CGSS2008数据发现，家庭所在阶层与学生的择校和专业选择有关，其家庭经济地位越高、人脉越广、社会影响力越大的学生，越有可能借助阶层优势进入重点学校，更可能选择文学、管理学等专业，而相比较之下，家庭经济地位较低的学生可能更倾向于社会需求大、能迅速投入工作、尽快得到利益回报的专业。

（三）城乡差距对高等教育入学公平的影响

李春玲在《教育不平等的年代变化趋势（1940—2010）——对城乡教育机会不平等的再考察》中得出结论，教育分层的重要原因在于义务教育阶段的城乡不均衡，进而引起高等教育入学机会的不公平。城乡学生拥有的教育资源不统一，但测试方法和要求达到的水平却要求城乡学生一起竞争，农村学生很难通过高考这一途径进入优质高校，接受更高层次的高等教育。孙永强、颜燕在《我国教育代际传递的城乡差异研究——基于中国家庭追踪调查（CFPS）的实证分析》中证实，城镇地区母亲学历对子女完成义务教育具有显著正影响，母亲教育背景对农村户口子女的小学入学机会影响大，而对城镇户口子女的大学入学机会影响更大。上述结果表明，我国高等教育资源应进一步向农村地区和农村户口受教育者倾斜，以避免教育代际流动性制约农村下一代的发展。马宇航、杨东平《城乡学生高等教育机会不平等的演变轨迹与路径分析》发现，所接受基础教育的水平对是否能拥有高等教育机会影响甚大，义务教育阶段城乡差距的显著性最为强烈，城市小学生的接受高等教育机会是农村小学生的3倍多，城市初中生的高等教育入学机会是农村初中生的2.44倍，高中阶段城乡差距对是否能拥有高等教育机会影响相对较小，城市高中生的机会是农村高中生的1.26倍。可以看出，义务教育阶段是缩小城乡在获得高等教育入学机会公平差距的关键时段。农村基础教育设施落后、师资不足，城市基础教育教学设备先进、师资充足、理念先进，城乡基础教育发展不平衡进一步导致城乡学生高等教育机会不平等，因此，相关部门和政策要注意教育资源的分配，缩小城乡教育资源差距，保障农村学生享有平等的教育资源，进而保障高等教育入学机会的公平。

（四）区域差异对高等教育入学公平的影响

郑彬博等人在《我国优质高等教育机会省际不均等的成因及对策研究——基于省际面板数据的经验证据》研究表明，2013—2015年我国优质高等教育机会的省际不均等程度虽然整体稳定且略有下降，但各地区录取率差异依然显著，作者从经济因素、财政因素和地理因素等分析了这一不均等现象。杨江华在《我国高等教育入学机会的区域差异及其变迁》分析数据得知，我国高等教育入学机会的区域分化仍然显著，尤其是重点大学入学率。发达地区重点大学入学率高而落后地区低，且这一趋势已相对固化并不断扩大。相比之下，经济发达的东部地区和有民族政策支持的民族8省重点大学入学率远高于其他省区，特别是中部地区的人口大省，不仅重点大学入学率较低，而且一般类院校的竞争也十分激烈。

（五）公民民主政治权利对高等教育入学公平的影响

黄锦成等人在《构建高等教育社会监督机制的研究》中指出，当前我国尚未建立起社会对高等学校依法提高管理水平和教育质量的有效的监督机制，特别是对高等教育的监督只有行政监督机制以及不规范的、有限的社会监督。监督的不力导致我国公民不能公平地享有高等教育权利。熊丙奇在《我国高考反复折腾的历史教训》中指出，目前我国高等教育入学机制腐败的根源是由行政主导，其政策制定、实施过程不阳光，加之发起者、实施者、管理者、监督者融为一体，监督体系不健全，监管不到位更使这一现象不断加剧。"用行政监管方式对高考政策进行加加减减的修补，只是治标而没有治本，真正的治本是约束行政权力，形成对行政权力的制约。只有在录取制度改革上迈出实质步伐，并针对实施过程中出现的问题，完善制度建设，推进高等学校办学制度改革，我国的考试招生改革和高等教育管理改革，才会减少无谓的折腾"[①]。因此就目前而言，我国公民平等接受高等教育权利还有较长一段路程。

（六）现行高考制度对高等教育入学公平的影响

宣海林《社会公平正义拷问下的高考制度》围绕高考前、高考中、高考后存在的如择校潮、高考移民、舞弊、泄露考题、冒名顶替、优先照顾官员子弟等现象，对当下是非不断、争论不休的高考制度存在的问题进行了分析，揭露了现行高考制度存在的问题，正是这些问题的难以遏制对高等教育入学公平产生了恶劣的影响。王后雄、王世存在《不同

利益群体对高考制度公平性认同度的调查与分析》中通过对高考制度中分省定额、命题、加分、高校自主招生政策、保送生政策等7个方面对不同利益群体所造成的影响的调查与分析，可以看出，目前我国的高考制度仍然存在一些漏洞，要想真正实现高考制度的公平性，必须在高考理念方面进行变革，在法制方面加强建设，在机制方面着手创新，在政策方面不断改进。

综上所述，我国学者对高等教育入学公平问题的研究角度较多，涉及面较广，形成了许多重要而有意义的成果。我们结合当前高等教育入学出现的新情况，着重从招生政策角度去探究高等教育入学公平问题，寻找问题的答案，为促进高等教育入学公平提出建议。

二、高等教育过程公平问题

高等教育过程公平涉及在高等教育过程中资源配置是否合理，学生个性发展是否得到关注，弱势群体是否享受到了公平的教育以及高等教育过程中学生参与各种活动的机会是否公平。

（一）高等教育资源配置影响高等教育过程公平

在现实中，国家重点大学与地方院校、地方重点院校与一般院校、经济发达地区高校与经济落后地区高校能够给学生提供的教育资源存在着明显差别。根据2017年教育部公布的《2017年全国教育经费执行情况统计公告》来看，2017年全国普通高等学校生均一般公共预算教育事业费20298.63元，然而北京市生均高达63805.40元，最低省份是辽宁省，仅13252.89元。李元静、王成璋利用DEA模型对我国31省（市、区）的高等教育资源配置效率进行了测度。研究表明我国的高等教育配置效率区域间差异较大，但大致与各省（市、区）经济效益相当，东部地区高于西部地区。张奎等认为高等教育资源不均主要体现在以下几个方面：一是教育人力资源短缺。教师待遇和工作条件的不如意，使这些高校难以留住原有人才，引进人才也就更难，高水平教师数量匮乏。二是教育物质资源短缺。进行德、智、体、美等教育的环境和设备差，不利于学生全面发展。实践性教学环节少、选修课少，不利于知识、能力、素质的协调发展。三是学校学术水平难于提高。投入不足，科研前期成果不多，从纵横两方面争取科研课题的竞争力弱，恶性循环的结果是学校科研与学术的总体水平上不去，学生创新思维得不到正确指引，创新能力得不到良好培养。四是教育服务质量难以提高。校长忙于解决经费困难，院系需要分出精力创收，教师不得不多头兼职以应付房改、医改和子女上学，教育教学精力投入不足，不能充分调动学生学习的积极性，形成"三个投入不足"的局面，并且长期未能得到解决。

（二）个性发展是否得到尊重影响高等教育过程公平

高等教育过程中的效率追求不仅是努力提高高等教育资源的利用率，更重要的是在教育的各个环节充分运用现代教育技术的思想和技术手段，因材施教，并且吸收高年级学生参加科学研究与科技开发，使受教育者在思想品德素养、体质、基本知识、实践能力和创新精神等方面得到迅速提高。丁钢在《创新：新世纪的教育使命》中说道："个性化教育强调在教育过程中将学生置于主体地位，充分尊重学生的个性特点，充分肯定每个人的认知风格和学习方式，调动其主观能动性，通过个人积极主动的参与来获取知识、增加能力，培养其创新意识和创新能力。"[①]董金虎认为个性化教育的目标是培养创新型人才。创新型人才的培养不能仅靠外部良好的环境，最终还要落实到学生在这个环境中个性的发展和实现，这主要体现在学生能够按照自己的方式去学习知识、探索和解决科学前沿问题。因此，个性化教育必然要求具有足够的教育资源，包括强大的师资队伍、完善的实验设备、高水平的实习基地、丰富的数据资料等，而这些都需要国家加大对教育的投资力度。刘宝存谈到"无论是教师的教学还是学生的学习，都是一种个性化的活动。每个

---

① 丁钢. 创新: 新世纪的教育使命[M]. 教育科学出版社, 2000: 186.

教师只有根据自己的知识经验、能力水平、个性特征寻求适合自己的教学模式，树立自己的教学风格，才能使自己的教学充分发挥作用，才能以个性化的教学影响学生个性化的发展。同理，每个学生都有自己独特的知识经验基础、学习能力和学习方式，只有为他们创造适合其特点的学习环境，才能有效地促进他们的发展。"[①]因此，世界各国在法律上或者大学章程上大都确立了学术自由的原则，鼓励教师创造多样化的教学模式，鼓励学生寻找适合自己的学习方式。而当前，我国高等教育资源仍显不足，特别是师资水平限制了高校选修课的开设。部分高校中开设的选修课程不一定是老师的专长或充满创新点的科研前沿，仅仅是为了开设而开设，因此质量不高，也难以引起学生的关注，学生们转而倾向于更简单、更容易获得高分的选修课程。学生的个性发展难以得到正确引导和启发。另外，有的高校追求教学的标准化、同步性和统一性，为了追求公平，教师被迫使用同一模式、同一评价尺度完全一致地对待具有不同个性差异的学生，做到了表面上的公平，实质却是忽视了真正的公平，忽视了学生发展的各异性。

（三）弱势群体能否顺利结业影响高等教育过程公平

随着我国经济体制的改革和社会的发展，高校不断地扩大招生，学生人数剧增。与此同时，高校的人文氛围也在时刻承受着社会各种形式和现象的冲击与影响，而这就恰恰造成了高校群体层次不均，从而出现弱势群体现象。高校学生中的弱势群体主要是由于经济条件、心理健康、学习能力和行为能力造成的。高校教育的改革必须重视弱势群体的利益。随着高校招生的扩大化以及一系列针对贫困学生的助学、录取计划的实施，贫困学生接受高等教育的机会随之扩大。清华大学2019年本科录取学生中来自西部地区省份的学生约占26.3%，农村及贫困地区生源占19.3%，少数民族考生占10.9%，贫困生比例创下历史新高。但这

---

① 刘宝存. 世界高等教育的个性化趋势述评[J]. 清华大学教育研究, 2000（04）.

些贫困生进入大学之后的学费、住宿费以及生活费来源问题也成为社会关注的焦点，国家和高等院校设立了一系列的奖助政策，且按照相关规定，学校必须从事业收入中拿出4%～6%的经费用于助学。虽然国家扶持弱势群体工作已经得到长足发展，但据有关研究，弱势群体的教育公平仍存在一些问题。阎鹏沂从社会制度层面分析得出：近年来，我国现有的奖、贷、助学金制度不断完善，虽能在一定程度上减轻贫困家庭子女在学习中的压力，但仍存在受惠比例低、力度小的问题。学校还应在发放奖、贷、助学金的同时，加强审计力度，避免徇私舞弊和不正当竞争，使资助经费能切实运用于最需要的贫困大学生身上。另外，目前我国部分高校对弱势群体中身体患有残疾的学生关注度仍不够，除校内缺少为残疾人提供的无障碍基础设施、校园医疗服务，高校教育支持系统建设也相对落后外，在人文环境建设上也略显不足，残疾大学生无法切实融入整个校园。

（四）参与机会不均影响高等教育过程公平

王卫东对13所高校在校本科生的高等教育过程从6个角度进行了问卷调查，结果显示：高等教育过程公平的影响因素主要是就读学校层次、学生父母的职业和受教育程度、以及家庭居住地及经济条件。出自于不同地区、家庭的学生在知识学习、人际交往、社会实践等方面耳濡目染的内容不同，在接受高等教育过程中的表现不同，视野与格局不同，因此课程参与度、课外活动、社团活动参与机会和程度也不同。陈新忠、卢瑶基于CNKI数据库2005—2014年文献进行可视化分析得出：高等教育过程的不公平主要是由于代际资本传递以及各地区各层次高等院校在高考录取分数、教育投资、师资力量、设备质量、人才培养方案、学生学习态度等方面的差距造成的。这些差距不仅影响了高等教育过程的公平性，还影响着高等教育的质量。有学者认为，来自不同家庭的学生在参与学习活动、社团活动中的参与程度、能力提升是不同的。来自不同家庭的学生会耳濡目染一些规则和问题处理方式等，他们在遇到问题时的解决方式明显会受到父母影响，在实践中得以运用，因此那些出身于文化背景较好家庭的学生拥有着先天优势。与此相对，来自弱势家庭的学生在学习途径等方面受到不同程度的制约，不仅体现在学习的宽度和视野，也体现在学习的方式和手段上。对于某一问题的实践调研或某项活动中学生需要负担自己的生活费用、交通费用等，在一定程度上排斥了经济条件较弱的学生参与，这部分学生在能力提升方面一定程度上有所欠缺。参与机会的不平等造成学生能力提升的不平等，影响高等教育过程公平的实现。

三、高等教育结果公平

"高等教育的结果公平，是指每个大学生都能有效利用社会和学校所提供的教育机会和教育条件，取得符合其个性、智力、能力的学业成就以及综合素质发展，从而为未来长远发展创造良好现实条件。"[①]张继平认为效果公平可谓"优秀水平"的高等教育公平，高质量高等教育公平最崇高的追求就是教育成功机会均等和教育效果相对均等，即每个学生接受高质量高等教育后都能成人成才，找到满意的工作，谋得理想的职业，创造精彩的人生。从根本上说，高质量高等教育公平的落脚点是就业过程和结果的公平。

（一）高等教育质量对高等教育结果公平的影响

从现实的情况来看，高水平就业在很大程度上得益于高质量的高等教育，因此，以质量保证提升就业水平是促进高等教育成功机会公平的根本方法。倘若每一所高校都在其所属领域或行业办出特色、成为一流，每一个学生都能获得名副其实的优质高等教育，不但能化解高等教育市场上的供需矛盾，为社会提供专业人才，而且能提高学生求职成功率与雇主用人的满意度，有效破解大学生就业难的问题，提升高等教育

---

① 王秉琦, 贾鹏. 教育结果公平: 大学永恒的追求[J]. 中国高等教育, 2009(23).

公平水平和社会公平水平。实现教育结果公平是高等教育院校提高教育质量的内在需求和追求目标。要想实现高等教育结果公平，就必须确立一整套的保障机制：树立正确平等的教育理念，实施高效合理的培养机制、完善管理监督制度、确立科学的评估体系，以努力实现教育结果公平。

（二）高等院校层次影响高等教育结果公平

近年来，高校的扩招政策导致毕业生数量逐年增长，2017年毕业生还未完全就业，2018年高校应届毕业生人数又有800多万需求岗位，就业市场竞争日益激烈，大学毕业生已经从昔日"包分配"转为"竞聘上岗"。企业面对过量的优质人才必然会提高招聘要求、优中选优。在2019届的高校招聘会现场，还有部分招聘企业甚至政府部门在岗位要求中明确列出"第一学历为双一流院校或双一流专业"这样的苛刻要求。就业的"名牌效应"和学校歧视以及分校定薪使普通院校的学生苦不堪言，甚至失去求职信心。柳劲等人通过调查211高校与非211高校毕业生的就业结果发现，不同层次高校的毕业生在就业选择、就业城市、就业质量等方面都有较大差距，这说明就业过程中确实存在着院校歧视并对毕业生就业结果影响巨大。院校歧视不仅对毕业生有巨大的影响，还对用人单位科学合理选才、高校长足发展，造成消极影响。岳昌君、张恺基于2013年全国高校抽样调查数据的实证分析发现：学校人才培养类型和学校所在地均对毕业生就业结果影响显著，高职高专由于其培养过程中更重视学生的专业性和技术性，反而最容易找到对口的工作，而"211高校"因学校声誉和科研实力都较高，毕业生在找寻工作时也比较容易且工资待遇较好。而普通本科院校则处于中等的尴尬位置，反而不被用人单位看好，加大了普通本科院校毕业生的就业难度。

（三）高等教育专业设置影响高等教育结果公平

在现实中我们常常发现，各高等院校专业设置如出一辙，没有正确根据自身的条件和需要科学合理地设置专业。比如有些专业的社会需求量并不是特别大，但高校却仍然年年扩招，另一部分高校在某专业上建树平平，却仍然"倔强"地用自己并不卓越的成果教授学生，这部分学生专业素质不强，实践能力不足，却也要竞争同样的岗位，致使这部分专业毕业生就业形势更加紧张。据麦可思2019年中国大学生就业报告可知：2018届本科毕业生就业率排前三位的专业是软件工程（96.8%）、能源与动力工程（96.8%）、工程管理（95.8%）。2018年本科毕业生就业红牌专业分别是绘画、历史学、应用心理学、音乐表演、化学、法学。其中，历史学、法学、音乐表演已连续三届红牌。[①]分析目前就业压力大的原因，很大程度上是由于高校毕业生主要集中在经济发达的大城市，他们希望未来的工作地也依旧在发达地区，因此，同一个岗位被大量来自不同地区、不同层次高校的同类专业毕业生同时竞争，大量毕业生失去机会或者被降格录用，从而形成教育过度和知识失业的现象，而在西部不发达地区却出现人才紧缺的现象。对于这些毕业生而言，教育学业成功的机会是不公平的，而且对社会的发展也是不利的。目前人类生产生活的进步依靠信息技术的比例越来越大，我国产业结构面临着调整、转型和升级，也不断催生着新的产业，必然对劳动力的素质和技能有着新的要求。新兴产业人才的需求和传统行业人才的淘汰，为高校的人才培养设置了新挑战，但我国高校的专业设置仍然滞后于市场对于人才的客观需要，人才培养与市场需求错位，加剧了就业难度。面对上述问题，社会各界人士都在积极探索就业问题的解决之道，就高校而言，要解决上述问题的一个重要措施，就是要根据市场需求合理设置培养专业及培养方案，提高毕业生专业技能和职业素养，满足用人单位实际需求，破解高校毕业生就业难问题。

① 麦可思：2019年中国大学生就业报告[DB/OL]. 2019-08-29http://www.199it.com/archives/930684.html

（四）就业"潜规则"影响高等教育结果公平

就业"潜规则"就是在岗位招聘过程中没有明文规定却被求职者广泛运用以达到自己就业目的的一种约定俗成的规则。"潜规则"在现行高等教育中的存在对大学生就业与职业发展有着深刻的影响。高等教育毕业生受家庭背景和社会背景等差异影响导致在就业时选择不同、岗位竞争力不同，严重影响就业结果，造成就业差异和阶层分化，制约着高等教育的公平正义。梅平平《高校毕业生就业不公平问题及其原因探析》中分析得出：为走出就业难的困境，一些大学生千方百计地寻求"捷径"为自己谋求就业岗位，部分领导干部为政不廉、道德败坏，导致就业过程中权钱交易、权力交易、权色交易现象难以根除。曲雁也通过调查发现，目前高校的腐败已不仅仅存在于党政领导干部之中，连本无实权的普通教职工也存在着收受贿赂的状况，例如一些学生为获得奖学金、保研资格、留学申请资格所达到的成绩要求而向任课教师行贿，还有一些学生为了能够在学团干部中拥有一席之地而向学生工作处老师行贿，这些行为在本该公正廉洁、以德才立足的高校中格外刺眼，如果不能得到遏制，会对大学生价值观的形成产生不良影响，也会影响学校建设和人才培养。近年来就业市场上还出现了"萝卜招聘""绕道进人"等特别的招聘方式，其实质是为特定候选人"量身定制"的岗位，通过人为设置门槛增加岗位限制，让极少数人能够成功进入选择范围，减小竞争，达到顺利使个别人得到岗位的目的。

（五）就业政策影响高等教育结果公平

随着毕业生人数的增加，就业市场转为买方市场，国家虽然出台了许多优惠政策鼓励人才支援欠发达地区的发展，虽服务期内工资待遇高、福利好，但较少考虑到这些人服务期满后希望换地工作的需要，这一时期毕业生缺乏相关的政策引导和优惠条件，导致毕业生不愿进入或者久留欠发达地区，无法真正将个人价值发挥出来，限制了毕业生的价值发挥，也会导致毕业生高等教育结果的差异。加之目前我国仍然实行户口制度、档案制度，这些制度的存在限制了毕业生的随意流动，一些岗位的性别歧视使得毕业生选择范围缩小，同时用人单位提高招聘的条件和要求，门槛越来越高，造成高校毕业生就业难。罗建河在《我国大学生就业政策的"去身份化"过程分析》中得出：城乡差异、区域差异影响高等教育结果的公平。城乡学生入学起点存在差异、高等教育过程中的能力水平的提高存在差异，就业选择也存在着差异。当农村学生只能通过自己的努力与实力不断地应聘求职时，部分家庭社会背景较好的毕业生已经进入其父母事先安排好的岗位，成为新一代的中上阶层，诸多类似的社会因素交互作用导致毕业生择业机会不平等。地方保护主义和户口限制也是阻碍高等教育结果公平的重要推手。在部分岗位招聘中，岗位要求明确具有户口限制，其户口要求精确至一个省甚至一个县，造成部分岗位报名人数空缺而撤销招聘岗位，而真正希望得到岗位的人却因不满足户口、地域条件而无法就业。国家还应进一步完善大学生就业配套政策，保护毕业生利益，引导毕业生找到适合自己的岗位发光发热。

综上可知，目前我国高等教育公平问题突出，需要国家、政府、相关机构协同处理，以促进高等教育的公平公正，发挥高等教育的应有之义。

第四章　促进高等教育公平的理论依据 及现实意义

《国家中长期教育改革与发展纲要》（2010—2020）指出教育公平的主要责任在政府，全社会共同促进教育公平。

一、政府的担当

（一）政府的权利与义务

1.政府的概念

政府作为一种社会组织，一般有广义与狭义之分。广义上的政府等同于国家机构或者国家机关，包括立法机关、行政机关、司法机关。狭义政府仅指国家机关中的行政机关，包括中央政府、各级地方政府以及一些依法享有公共管理职能的组织。

2.政府责任的含义

"责任"一词现代汉语中有两层含义：一是分内应做的事；二是没有做好分内应做的事，因而应当承担的过失。

因此，政府责任也有两个方面的含义：一是政府应该对社会公共事务及全体社会公民负责；二是政府没有履行相应的职责或者没有很好履行相应的职责，应该承担没有尽责的后果。

政府责任的概念来源于责任政府，责任政府是现代民主政治的基本理念，现代民主政府必须满足社会和民众的基本要求，积极履行社会义务和职责，并承担政治上、道义上、法律上的责任，同时责任政府又是

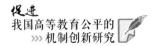
从制度上保证政府责任实现的控制机制。

责任政府是从宏观上对政府构建的内在要求，而政府责任则是在微观领域内对责任政府的具体要求。这种要求侧重于政府及其组成人员在社会治理中履行法律规定的、社会要求的职责和义务。

政府责任在理论界有诸多论述，特别是关于政府责任的类型。我们认为政府责任应该包括以下四个类别：

①法律责任

政府的法律责任是指政府及其组成人员必须依法从政、依法履责，其行为必须符合宪法及其法律的规定，同样其行为违法必须受到法律的惩处，承担不利的法律后果。也就是说政府及其组成人员的行为必须符合宪法和法律规定。政府制定的各项法规、条例、规定、办法等也必须服从宪法和法律，不得违背宪法和法律的基本精神，不得与宪法和法律相抵触。另一方面，政府的具体行为侵犯了公民、法人或者其他成员的合法权益时，必须承担依法赔偿的义务。

②政治责任

政府的政治责任就是指政府及其组成人员的行为必须符合人民的期待和要求其行为必须合乎公众的道理。也就是说政府的行为宗旨是实现人们的利益、权利和福祉，这是政府决策的出发点与归宿点，否则将承担相应的政治责任。

③行政责任

政府的行政责任是指政府在其系统内部对上下级行政机关，领导以及自己的职务应承担的责任。

政府的行政责任是政府及其组成人员的行政规则方面的要求。就是行使职权要有法律规定，法律没有赋予的权利不能行使，不得越权越级行使，不能滥用权力，遵守行政规则。公务人员中下级有遵守上级的命令和指示的义务和责任，也有在执行职务的过程中保守秘密的责任。

④道德责任

道德责任是指政府及其组成人员的行政行为不得有悖于公共秩序和人们普遍的道德要求。

道德责任有两个方面，一方面是其行为符合人民和社会的道德标准，模范遵守社会公德，廉洁自律，遵守道德规范，成为社会文明的榜样。另一方面，如果违反道德责任应该承担相应不利的后果，诸如：道义遣责、公开道歉、引咎辞职等相应后果。

政府促进高等教育公平对策是通过政府行为来具体实施的。

我们根据"狭义政府"理解政府行为的定义，一般是指政府及其依法享有公共管理职能的各级组织对社会各种事务进行组织、领导、管理、协调的各项活动的总称。从法律上讲，是以其法人名义实施的，能对其他主体的权利义务产生影响的各种活动。我们从行政方法来看，政府行为主要运用命令、规定、指示、条例等行政手段，按照行政系统和层次，以权威和服从为前提，直接指挥或命令下级实施管理工作。政府是国家意志的表现，并通过发布命令、规定、指示、条例等行政手段，担负着整个社会系统正常运作的责任。因此，政府行为具有以下特点。第一，公共性。政府是社会系统的中枢神经，组织管理社会生产，管理公共事务，维护稳定的政治秩序。政府管理公共事务具有公共性，这是与其他社会组织行为的基本区别。第二，广泛性。随着人类社会活动复杂性的增加，社会发展步伐加快，科学技术突飞猛进，政府行为涉及的区域越来越广，担负着社会政治、经济、文化、社会发展的方方面面的国家职能。政府行为涉及社会政治、经济、文化方方面面，涉及人们生活的方方面面。第三，非营利性。这是政府行为的显著特征，也是政府行为区别于其他经济组织行为的基本特点。第四，强制性。政府做出的决定对整个社会有约束力，这种行为是以国家强制力为保障的，是国家机器的重要组成部分。

政府责任是对政府的本质规定，是对政府行政行为的内在要求，而

政府行为则是政府履行责任的方式。

（二）促进高等教育公平的政府担当

就高等教育公平而言，政府应该承担如下责任。

1.经费保障责任

政府作为公立高等学校的出资人，应该保障其经费投入、保障其办学条件。现代政府的教育责任中，经费保障责任是最重要的。一方面通过直接拨款，承担起保证教育经费支出占GDP 4%的投入比例责任，并随着GDP的增长而增长。另一方面，优化高等教育资源配置，加大对落后地区的支持力度。同时，政府应鼓励高等教育办学经费的多元化，支持引导社会力量对高等教育的投入，加强对民办高等教育在投入方面的监管。

2.制定公平的高等教育政策的责任

《国家中长期教育改革与发展纲要（2010—2020）》提出："把促进高等教育公平作为国家基本教育政策。"

从我国高等教育的发展历程看，高等教育长期受"精英观念"和"城市化倾向"的影响，因此，在教育政策的制定上有"精英化"倾向，从而弱化了高等教育的公益性。在"效率优先、兼顾公平"的观念指导下，高等教育公平的观念受到严重冲击，效率成了人们对高等教育的唯一追求。在高等教育政策的制定过程中也缺乏社会公众以及高等教育接受者的参与，导致政策的公共性弱化，影响了高等教育公平。现代政府的职责是做好基础性工作，"其中提供法律基础，制定公共政策，安排合理的教育制度，是现代政府的核心使命"。因此，政府应该制定公平的高等教育政策，创造公平的社会环境，这是现代政府基本的教育责任。

3.法律保障责任

建立法律基础、实施法律保障是现代政府的基础性工作之一。促进高等教育公平，制度建设是根本。政府是促进高等教育公平的主导力量，主要应该通过完善法律法规体系，使高等教育法治化，从法律程序上保障公民接受高等教育权利的机会均等。建立严格的高等教育法律执行制度。创造优良的高等教育执法环境，规范各级政府依法行政，依法履责。正确引导高等教育的健康发展，通过制度安排促进教育公平，保证高等教育的公益性。

4.监督管理责任

强化政府对高等教育的管理，要处理好管什么和怎么管的问题。改革开放以来，我国高等教育体制改革取得了很大进展。但政府既是高等教育的举办者，又是高等教育的管理者。长期受计划体制和观念的影响，对高等教育的管理缺乏准确科学的定位。现代政府对高等教育应从微观走向宏观，运用经济、法律、政策、评估等手段进行管理，使政府的管理控制适度。保证在市场经济条件下高等教育的公益性，保证弱势群体平等接受高等教育的机会，使社会阶层能够合理地流动。

5.弱势群体补偿责任

高等教育公平问题尤其应该关注那些由于自然或者社会的原因，而导致处在社会不利地位的人群或者阶层，也就是弱势群体。弱势群体由于自然或者经济社会原因，而社会地位低下，处在社会的边缘，在对社会资源的占有方面明显处于不利的地位。因此，这一群体处在社会中被支配、被管理的地位，没有能力也没有机会表达自己的社会要求。在高等教育领域内，弱势群体子女在接受高等教育机会方面处于劣势，没有均等的机会，更无法获得优质的高等教育机会。因此，也无法实现社会阶层的良性流动。对弱势群体的社会帮助和支持，政府义不容辞，这是实现社会进步和建设和谐社会的需要。只有保障了弱势群体基本的社会需要，才能逐步实现社会各群体利益的合理满足，才不致于诱发社会的落后和冲突。政府应该在教育政策上，建立弱势群体补偿机制，为处在不利地位的弱势群体提供支持，这是市场无法提供的。促进社会公正，维护社会稳定，促进社会发展是政府的责任。

6.就业保障责任

实现社会充分就业，实现人们共同富裕是政府的责任。连续多年的大学扩招，我国已成为世界在校大学生规模第一的国家。一方面随着经济社会的发展，人才需求不断增加；另一方面，就业人口不断增加，社会就业压力剧增。因此，政府应建立合理的、公平的就业保障权利，促进平等就业；深化劳动就业制度改革，建立以市场为导向的人力资源配置方式，促进人才的合理流动；完善劳动力市场体系，提供公平竞争的环境，通过法律法规的规范促进平等就业。

二、促进高等教育公平的主导力量

（一）高等教育具有准公共产品的特点

政府成为高等教育公平的责任主体，与高等教育本身的属性有关。教育学理论认为，目前"教育"一词用法分为三类。其一，是作为一种过程"教育"，表明一种深刻的思想转变过程；其二，是作为一种方法的"教育"；其三，是作为一种社会制度的"教育"，我们这里说的就是这种教育。

教育有广义和狭义之分。广义的教育指所有能够起到增进人们知识和技能、影响人们思想意识和道德品质的活动；狭义的教育则主要指学校教育，即教育者根据一定社会或阶级的要求，有目的、有计划、有组织地对受教育者的身心施加影响，把他们培养成为一定社会或阶级所需要的人的活动。

想要更好地理解教育的内涵，就必须首先对教育的产生以及教育与人和社会的关系进行分析。马克思历史唯物主义认为，教育是人类社会生产力和生产关系不断发展的产物，它的起源和最终目标都是劳动。在长期的生产劳动中，人类积累了丰富的物质成果和生产经验，与此同时也形成了特定的社会风俗习惯和道德规范，为了传递经验和思想，人们结合着语言的产生，将这些劳动技能和社会习俗通过教育实现代代相传，这也是教育初始时期的目的。通过教育活动，社会个体获得了适应社会生产生活的技能，掌握了适应社会生活的道德规范，人类社会也得以延续和发展，由此可知，教育是一种使社会得以延续和更好地发展的实践活动，社会个体由此掌握适应社会的生存技能，又将新的经验通过教育得以传递，保持社会的生机活力和更新换代。教育作为一种培养新生力量的活动，它与社会的发展、人的发展有着不可分割的关系。随着社会政治、经济、文化的发展和时代的进步，教育的功能也在不断开拓和衍生，是否受过良好的教育对个体发展和社会进步的影响和作用也越来越显著，教育的社会公共性特点也日益明显，而且教育经济学还告诉我们，教育可以为社会带来经济方面的收益，由此，教育成为社会公共话题，更成为一项公共事业。

对一个国家而言，其社会成员接受教育的人数越广，受教育的程度越高，整个社会的劳动生产率就越高，经济发展的动力就越足，国家综合国力的竞争力也就越强，作为培养社会高级专门技术人才的高等教育也同样如此。我们从社会学和经济学两个不同的角度来理解教育可知，教育是一项至关重要的社会实践活动，特别是高等教育，具有很强的社会公共性属性。从社会学的角度看，无论是义务阶段的教育，还是非义务阶段教育，都是社会公共领域内的公共事务，这集中体现在教育的性质，教育是一种由社会公共价值导向的、以扩大社会公共利益为目的的社会实践活动。虽然教育极大地影响着个人发展，是社会成员获得个人发展能力、获得生存手段和社会地位的方式，但作为社会公共事务的教育，总是在社会公共领域内存在和发展的，社会的教育决不单纯地是为了社会个体的单个人的利益而存在，更多的是为了社会的公共利益而存在。"因为教育在本质上具有社会性，而且它是达成社会目的的工具。因此，我们不应该把教育——当然包括高等教育——仅仅看作是受教育者个人奋斗的场所，它同时更是一种社会发展的公共需要，是社会公共性事务。"①人类生存的需要多种多样，但究其根本，无非是两大类：私人的个别需要和社会公共需要。无论人类社会以何种方式构成，个别需要作为最直接的需要，都是人类进行一切社会活动的基本动力，但个人需要与社会需要紧密相连，要想满足个人的需要就必须首先满足社公的公共需要，人类进行正常的生产、生活和社会活动是以社会公共需要为基础的。

"所谓的社会公共需要，就是社会成员在生产、工作、生活和发展中的共同需要。它对人类社会的发展有着不可替代的作用，是社会和个人赖以存在和发展不可或缺的条件之一。"②一个社会的进步与发展依赖良好的社会公共秩序，而良好社会秩序的存在需要有一定的物质、精神财富作支撑，特别是社会公众的物质精神文化需要。在满足社会公共需要的过程中，需要社会组织来有效管理社会需要的公共事务。政府作为国家行政管理的主体，其存在就是为了管理社会公共事务。教育作为社会公共事业，是准公共产品，因此高等教育的发展和公平的主要责任在政府。

为不特定人群服务是现代教育的基本性质，其本质是一种公益性质，经济学家在公共产品理论基础上，从产品消费特性的角度将人类社会的全部产品分为公共物品、私人物品和准公共物品。美国经济学家保罗·A.萨缪尔森（Samuelson, Paul A.）在《公共支出的纯理论》中通过个人消费与总消费的关系方程对个人消费产品（私人产品）、集体消费产品（纯公共产品）的性质进行了界定。他指出："集体消费产品是每个人消费某种产品不会导致别人对该产品消费的减少，即集体消费产品的消费总量等于任何一位消费者的消费量。"③集体消费产品在消费

---

① 金生鈜: 保卫教育的公共性[J],《教育学》, 2007年第8期第27页.

② 顾建光: 现代公共管理学[M]. 上海: 上海人民出版社, 2007年版, 第71页.

③ Samuelson, Paul A. The Pure Theory of Public Expenditure. Review of Economic and Statistics, 36, November, 1954.

上具有非竞争性和非排他性。与此相反，私人物品使用的基本原则是效用的可分割性和消费上的竞争性与排他性，也就是说，私人物品的效用是明确的，遵循谁付款谁受益。但现实生活中，诚如美国经济学家詹姆斯·M.布坎南（Buchanan，James M.）所言，现实生活中符合"萨缪尔森条件"的社会产品委实不多，绝大部分是介于纯公共产品与私人产品之间的准公共产品。这种准公共产品又被称为公共资源性产品或俱乐部产品，这种产品一部分具有消费上的非竞争性、排他性；还有一部分具有消费上的竞争性、非排他性。回顾高等教育发展历史，一段时期以来，人们对高等教育的社会属性存在着一种误解，认为高等教育作为人们获取社会利益的重要手段，就应该以市场化为取向，遵循"谁受益，谁付出"的原则推动教育特别是高等教育的产业化发展。合理定位高等教育属性，是分析高等教育公平责任的前提。事实上，判断一种产品是否是公共产品主要依据两个特性：一是该物品是否具有排他性，即个人消费该物品是否会阻止他人使用该物品，或者说该物品的消费是否可以在消费者之间进行分割；二是该物品是否具有竞争性，即个人使用该物品是否减少了他人对该物品的消费，或者说每增加一个单位该物品的消费，其边际成本是否为零。依据这两个特性可以发现，不管是义务教育，还是非义务教育，都无可争辩地具有公益性，我们认为高等教育是社会公共领域的公共事务，从高等教育的特点看具有准公共产品的特点，而教育产业化违反教育的公益性原则。

一切活动的发展都离不开经济基础，高等教育的发展也是如此，经济的发展状况决定了高等教育资源是否充分。从高等教育发展的历程来看，高等教育资源并不总能满足当时人们对它的需求，可以说高等教育的资源是有限的，当一部分人在享有或者占用高等教育资源时，总是需要牺牲另一部分人的高等教育需求，因此高等教育具有排他性。同时，高等教育使资源拥有者通过接受高等教育提升了受教育者的素质，使本人获得了收益，改善了他的社会地位和生存条件，同时，受教育者在学习或工作过程中也产生了经济价值，为社会发展做出了贡献，促进了社会进步、社会文明的提升。因此可以说，高等教育在受益上具有非排他性，高等教育是准公共产品。美国经济学家理查德·A.马斯格雷夫说："教育支出既有利于学生，又有利于社会。"乔·B.史蒂文斯说："几乎没有人会否认，通过教育会产生确定的正向外部性，社会应该鼓励它们的供给。"

当今社会，教育对个人的重要性越来越明显，良好的教育是一个人良好发展的基石和重要手段，没有接受良好教育的个体在自我发展的道路上将会困难重重，教育公平问题不仅是资源分配是否公平合理的问题，而且涉及个体长期发展以及代际流动的公平性。教育资源的分配是一个授以渔而非授以鱼的过程，它不像物质、金钱等资源的分配那样主要表现为即时性、一次性和影响的短暂性，而是表现为长期甚至是终身的个人能力和发展机会，因此，教育公平对受教育者个人及其家庭而言影响深远。对于个体发展而言，教育公平即一种起点性公平，通过对受教育者生存发展知识和能力的培养，使受教育者具备生存技能，获得社会财富，从而能够维持个人发展及家庭供养等重要事项的起点是平等的。换言之，教育公平包含着公正的机会平等原则是个体公正发展的保障，是一项人人需要的公共产品。市场经济追寻的目标是利益最大化，经济利益是社会经济活动主体的最终目标。因此，如果一种产品收益不高，特别是直接的经济效益不高的时候，这种产品就不会成为社会经济主体的追求目标。这个事实表明，市场不可能提供给我们所有的社会产品，因此，公众对于公共物品的需求需要国家行政主体——政府来提供。

"既然市场领域无法满足社会对公共物品的需求，而社会又不能没有这类产品的供给，就需要作为公共权力主体的政府向社会提供这些公共产品。作为准公共物品的高等教育，虽然也可以由社会或私人参与，但因为其公共性特征，也需要政府在管理上发挥主导作用。"①

（二）政府是促进高等教育公平的主体

由于时代的变化，世界观的不同，人们对于政治的认识也千差万别。美国政治学家戴维·伊斯顿认为：所谓政治，就是有关社会的价值性分配。而我国学者杨光斌也认为，"政治就是人们围绕公共权力而展开的活动以及政府运用公共权力而进行的资源的权威性分配过程。"②我们认为，所谓政治，就是一定阶段、阶层或社会集团，运用社会公共权力，整合和协调各种社会利益和社会关系，处理社会公共事务，并且力求把社会秩序控制在一定的范围之内，以实现其利益和目标的社会活动。

"利先于政府的建立，是一种自然权利。为了保护个人的权利免受侵害，人们以契约形式组成了政府，形成一种公共权力，希望政府以裁判者的角色来保证每个人的自然权利不受侵害。"③因此，政府存在的主要作用就是保护公民的合法权益，并在此基础上整合社会利益，协调社会矛盾，处理社会事务。

现代管理学也认为："政府是社会公共事务管理的主体。所谓的社会公共事务，就是指那些涉及全体社会成员的共同利益、满足其共同要求的活动与事项。"④"很显然，社会公共需要是政府存在的原因，它决定着政府的目的和功能就是为了更好地满足社会的公共需要"，⑤做到有效地增进并公平地分配社会公共利益。而政府也只有通过提供更多更好的公共物品和公共服务，才能更好地满足社会公众的需要，促进社会公平公正，完成其存在使命。

---

① 杨昌勇，郑淮. 教育社会学[M]. 广东：广东人民出版社，2005：50.

② 杨光斌. 政治学导论[M]. 北京：中国人民大学出版社，2004：5.

③ 洛克. 政府论（下篇）[M]. 北京：人民出版社，1999：111.

④ 顾建光. 现代公共管理学[M]. 上海：上海人民出版社，2007：16.

⑤ 李军鹏. 公共 服务型政府[M]. 北京，北京大学出版社，2004：2.

　　高等教育不公平现象仍存在在我国的高等教育发展过程中，人们呼吁高等教育公平，其反映的实质正是现实社会里的缺失。"人们呼吁高等教育的公平发展，也不仅仅是表达人们对一种社会伦理价值的诉求；而更多的是，表达人们对一种现实社会利益的诉求。这种社会利益的诉求，就是希望政府能够合理地分配高等教育所能赋予人们的发展条件、发展权利和发展机会以及由此带来的社会地位和物质利益。"[①]当前，教育中的"马太效应"越发明显。一系列的研究成果已经表明，在当今社会中，代际地位复制比较明显，在代际地位复制过程中，教育以合理化的手段隐蔽地通过经济资本、社会资本以及接受教育后的文化资本造成资源再分配不公平，在教育过程中处于有利地位，从而侵占了弱势群体的教育资源而使其在接受教育过程中处于不利地位，更使其在社会竞争中因此同样陷入不利处境的恶性循环之中。根据教育部《2019年全国教育事业发展统计公报》显示，全国义务教育阶段在校生中农村留守儿童共2019.24万人，其中，在小学就读1383.66万人，在初中就读635.57万人；全国义务教育阶段在校生中进城务工人员随迁子女共1426.96万人，其中，在小学就读1042.03万人，在初中就读384.93万人。2019年全国小学的在校生10339.25万人，初中的在校生4652.59万人，留守儿童和流动儿童合计分别占全国小学在校生总数的23.46%和初中在校生总数的21.93%。可以说，留守儿童和流动儿童作为普遍存在的受教育群体，其受教育状况不仅关乎农村人未来的教育出路，还关乎未来一大批中国人的文化素质，更关乎社会代际流动的有效性。对于2019.24万农村留守儿童而言，他们接受的义务教育是最低水平的义务教育，因为农村义务阶段的学校即便在国家财政的支持和各种公益事业的推动下，也不能像城市学校那样吸引更加优质的师资、拥有更加良好的硬件办学条件，更不能像城市中的重点学校那样享有高质量的教学水平。即便是随父母进了

---

① 　陈平. 转型中国的成就问题与选择[J]. 改革内参, 2007 (1).

城的流动儿童，也不意味着他们可以享受和城市孩子一样的优质教育资源。打工子女在城市求学，因户口等因素影响，只能上条件简陋的打工子弟学校，一样无法享受城市中优秀的教育资源，这是我国教育的特有现象。[①]对于教育资源特别渴望，希望通过教育改变命运的人们，对于不公平的教育现象就特别难以容忍，他们最需要公平的教育，因此也强烈要求教育公平。因为只有在较公平的教育环境中，弱势群体通过教育实现社会阶层的向上流动才有可能实现，而长期的教育不公平使得人们希望借由教育改变现实处境的梦想破灭。阶层向上流动的愿望破灭，个体奋斗的主动性积极性受到打击，处于弱势地位的优秀分子通过教育实现人生翻盘的合法机会被阻碍，很难通过自己的努力改变自己的境遇，这不仅阻碍个体发展，也会影响原本处于优势中的个体，使他们缺乏竞争危机感和改变欲，对于一个社会的发展与进步也会伤害至深。对于公平问题的研究当下最为著名的理论当属罗尔斯在其《正义论》中所主张的两条原则：“第一个原则：每个人对于所有人所拥有的最广泛平等的基本自由体系相容的类似自由体系都应有一种平等的权利；第二个原则：社会和经济的不平等应这样安排，使它们：（1）在与正义的储存原则一致的情况下，适合于最少受惠者的最大利益；（2）依系于在机会公平平等的条件下职务和地位向所有人开放。”据此有研究者主张，教育公平应当追求的不仅仅是每个公民都同等地享有接受教育的基本权利，而且应当进一步地同享受教育资源的多少联系起来，实现教育公平要求在分配教育资源时对教育弱势群体进行倾斜。教育资源分配过程中的弱势群体，从区域分布来看，主要集中在农村；从教育系统分布来看，主要集中在义务教育阶段；从家庭背景来看，主要集中在低收入群体。实然状态下，在突出义务教育均衡发展的政策指导下，当下义务教育阶段的资源分配越来越倾向于农村，但由于长期以来的城乡二元分割

---

① 熊丙奇.教育公平：让教育回归本质 [M].华东师范大学出版社,2014:19.

和重点学校等政策的影响，既定教育资源分布并不有利于弱势群体。据相关年份教育年鉴统计显示，崳玻埃8年，我国大学生生均国家财政性经费为8825.29元，而小学生生均国家财政性经费只有2794.58元，农村小学在生均教学用计算机、人均图书册数、危房面积、代课教师人数等方面相比城区都处于不利地位。

教育公平最终要落实到个人发展的公平上来，教育公平不仅要求个体在接受教育时受到平等的对待，更为重要的是接受同样教育、取得同样学业成就的不同个体的就业前景和发展机会也是公平的。接受高等教育公平以及接受高等教育后的就业公平对个体来说更具有实质意义。随着高等教育发展和高校招生规模的扩大，2019年高等教育毛入学率已经达到48.1%，由此看来，高中生进入大学并非难事。但我们不得不承认的是，在大学毕业生就业难的今天，上好大学对于个体发展越来越重要。根据"985"高校2019年招生计划统计，作为我国优质高等教育资源的"985"高校在各省市的普通本科招生计划存在较大差距，如北京2019年参加高考的人数约为59209人，"985"高校在北京投放的普通本科招生计划数为4060余人，意味着北京约每14名考生中就有1名考生能够被"985"高校录取；同年河南参加高考的人数约为108.4万人，"985"高校在河南投放的普通本科招生计划数为2.7万余人，意味着河南约每40名考生中仅有1名考生能够被"985"高校录取；贵州参加高考的人数约为45.6万人，"985"高校在贵州投放的普通本科招生计划数为13452余人，意味着江苏约每33名考生中仅有1名考生能够被"985"高校录取。这样的差距在不同省份之间普遍存在，且越是在人口基数大、教育资源相对落后的地区表现越明显。另外，由于不同群体基于教育对自我及其子女的发展所能起到作用的不同在认识教育的作用和教育重要性方面也是不同的。如千万富翁、政府官员等社会优势群体对子女教育的重视程度明显强于农民等弱势群体对子女教育的重视。一方面是因为，许多在社会资本、经济资本、文化资本等方面处于优势地位的家庭常常因其享受过更加优质的教育，有更多的能力和精力关注子女的教育发展，并作为"过来人"通过其本身所拥有的知识和阅历可以很好地为子女成长提供帮助和建议；另一方面是因为，社会优势群体子女因其更优质的教育和更有利的家庭背景，在接受教育后，其获益能力相比弱势群体更强，他们通过教育不仅能实现自我谋生，而且更容易获取包括身份认同、社会地位等在内的一系列"利益"，这反过来促使他们愿意通过经济、人脉等手段为子女获取更加优质的稀缺教育资源铺路。然而对于弱势群体而言，在高昂的教育消费和大学生就业困难并存的今天，一个毫无家庭背景可以倚仗的孩子在接受高等教育后可能并不能顺利地找到一份合适的工作，甚至接受教育后反而使其失去了有力的谋生手段，甚至使得这一群体出现因教致贫的恶果，不管从哪个方面讲，希望这类人群对教育充满信心和期待都是不现实的。

因此，高等教育公平既是高等教育发展的内在要求，也是社会的期待。公平，往往只是社会弱势群体被逼无奈又无力改变现状时发出的无奈的呼声，也是社会弱势群体在各方面因素的压力下无可奈何的生活选择。社会强势群体永远不会自觉地来实现公平，维持现状是社会强势群体的本能选择，所以公平只能依靠政府这种超越公平主体的权威性力量来争取实现。政府是社会公共权力的代表，提供公共产品，满足社会公共需要，提供公平的社会发展与竞争环境，是政府的天然职责。因此，促进高等教育的公平也必然主要依靠政府。而政府作为一种社会公共权力的代表，其公共职能就是满足社会公共需要，为社会全体公民提供充足而优质的公共产品，为社会公共事务提供公平公正的公共服务。我们认为政府应该成为高等教育公平发展的主导力量。

因此，我们可以说，政府应该成为高等教育公平发展的主导力量。这既是由高等教育的性质和特点决定的，也是由政府的性质和职能所决定的。强化政府的高等教育公平责任是现代政府职能转变的一项重大选择。

（三）政府——有限政府与有限责任

德国著名学者马克斯·韦伯认为，任何一个统治系统的确立与存在，都是以合法性为基础的，而是否合法恰恰是取决于它的存在是否被公众承认和服从，正是公众的信任和支持反过来证明了统治系统的合法性。根据韦伯的观点，公民服从统治主要基于两种原因：一是公民自发地尊重和遵循统治，对统治系统充满信心，认为统治具有合理性和合法性；另一个原因就是受到来自统治系统的强制力和压力，迫于无奈地"不得不"服从。这两种统治看似结果一致，但效果相去甚远。所以，作为统治的政府其存在需要合理性、合法性以及民众的认同感。但是，政府存在的合法性不仅包括社会公众对政府的认同，还应该包括政府行为自身的正当性，而且政府行为的正当性在一定程度上促使社会公众对政府的认同。政府行为的正当性既包括价值理念在内的主观正当性，还包括规制正当性在内的客观正当性。政府作为权利的执行者，在教育这一公益事业上的作为能够反映政府行为是否正当，其公平状况也反映政府的存在是否具有合理性、合法性。政府一向都宣称自己的治国理念是全心全意为社会公民服务，作为社会公众如何判断政府是否合法从口号层面来说具有不确定性。但任何理念的落实最终是通过规制等手段来予以实现，如何保障这些规制在制定和实施过程中真正把政府所宣称的理念纳入其中，具有确定性，也具有挑战性。一般而言，"公共性"是政府行为的重要依据和理由，政府的身份是全社会公共利益的代理人，其制定与执行公共政策的依据应该是社会公众的共同利益和意愿，一切决策都应从保证公共利益的基本点出发。教育作为公共领域的重要组成部分，保证教育领域的公平正义显然是政府落实为人民服务的重要体现。

一个社会之所以要供养一个政府，就是因为，在社会阶层之间常常发生零和博弈的情况下，需要政治结构向社会输出不偏不倚的仲裁规则，提供每一个社会阶层都可以接受的仲裁结果。社会公正是国家所以存在的全部理由。①如果政府在教育资源分配过程中不是作为公共利益的代表者而是作为教育资源分配的参与者和享受者的话，无异于在运动比赛中既扮演裁判员又扮演运动员，政府官员就会像资本主义市场经济中的商人一般，一味追求自身利益最大化而忽视其肩负的责任和使命，甚至以权谋私，中饱私囊，反而使得贪污腐化更为严重，漠视其维护教育公平的公共职责，严重危害教育公平。

当然，现代政府作为现代国家的代表，一方面享受教育的利益，是教育发展尤其是普及义务教育的最大受益者；同时，现代政府的合法性要求它又不得不承担着社会的公共教育责任，负有保障教育公共性的天然职责。②政府的主要职能是什么？英国学者霍布斯认为，"政府的职能是为公民创造条件，使他们能够依靠本身努力获得充分公民效率所需要的一切。政府的义务不是为公民提供食物，给他们房子住或者衣服穿。政府的义务创造这样一些经济条件，使身心没有缺陷的正常人能通过有用的劳动使他自己和他的家庭有食物吃、有房子住和有衣服穿"。也就是说，政府存在的目的是维护规则的公正性，而非作为一个福利机关解决公民的温饱。可是当前教育领域的现状是，一方面政府长期主导重点学校制度，人为地通过行政手段把教育分割成"三六九"等级，造成不同群体的受教育不公平，尽管这一政策随着义务教育均衡发展等理念和呼声已经做了调整，但传统制度的惯性和现有制度的嵌入性使得我们必须承认真正实现义务教育均衡发展还有很长的路要走；另一方面政府在一些公共领域方面不断推卸责任，把一些应该承担的公共责任推给市场，以致出现了"上学难、上学贵"等公共问题。

教育也是政府对既定社会不公平补偿的重要手段。人生来具有平等性，但人生来都是不平等的，但这一不平等不是由于个体自身因素造成

---

① 邓正来，郝雨凡主编.转型中国的社会正义问题[M].桂林：广西师范大学出版社，2013：518.

② 刘复兴.政府的基本教育责任：供给"公平"的教育政策[J].北京师范大学学报（社会科学版），2008（4）.

的，也不以任何个体意志为转移，因为任何一个人都无法在出生时选择出生家庭。基于此背景下的不平等，政府有理由也应该采取措施以化解既定的不平等，而教育作为当前社会代际流动的主要手段和重要途径，是化解既定不平等的重要手段甚至是主要手段。

然而，公平作为一种价值判断，即便依据同一种资源分配原则，不同群体的主观判断也可能形成不同的公平感。如此便意味着，政府即便再努力，也不可能或很难做到让每个个体都满意的公平，因为每个人的公平感具有主观性和差异性。由于公共资源分配规则由政府主导，公共资源分配行为由政府施行，政府理应对公共资源分配公平与否负有责任。作为当下我国教育领域最高政策性文本的《国家中长期教育改革和发展规划纲要（2010—2020年）》也提出，"把促进公平作为国家基本教育政策""教育公平的主要责任在政府，全社会要共同促进教育公平"，明确了国家教育政策的基本价值导向之一是促进公平，清晰界定了教育公平的主要责任在政府，全社会对促进教育公平也负有责任。政府之所以需要并能够在教育公平中承担责任，是由政府自身的性质、追求的目标以及教育产品的属性所共同决定的。①从政府的性质以及教育本身的产品属性来看，政府应当在促进教育公平的过程中承担起主要责任，利用包括制度设计、法律规约等手段在内的公共行政和强制力量来维护公共利益，是现代政府的基本职责。政府并非是随意结成的私人组织，它是被作为全民公共利益的代理人而存在的，维护公共利益是它存在的合法性和目的，而非为了某个特定个体或集团的利益而存在。在康德看来，公共利益是一种体现共同体生存价值的先验的普遍权利，包括平等权、为自己做主的权利以及沟通表达的权利，它们"仅仅是由正义所授予的"，是全体公民都有资格享受的普遍权利，国家必须无条件地

---

① 国家中长期教育改革和发展规划纲要（2010—2020年）[EB/OL]. http://www. gov. cn/jrzg/2010-07/29/content_1667143. htm.

维护公民权利。在多元社会中，公共利益是具有差异性的主体寻求的共同的"善"（包括公共效用、公共品质、公共精神等），公益性就是这种共同的"善"的特性，是主体存在时的积极属性，这种属性存在于主体私人领域之外的公共领域，是公共组织或公共机构的本质属性。[①]正如洛克所认为："在人类进入政治社会之前，存在着一种自然状态，在这种自然状态下，一切人在生命、自由和财产权上是平等的，这些权利先于政府的建立，是一种自然权利。为了保护个人的权利免受侵害，人们以契约形式组成了政府，形成一种公共权力，希望政府以裁判者的角色来保证每个人的自然权利不受侵害。"[②]一个社会之所以要供养一个政府，就是因为，在社会阶层之间常常发生零和博弈的情况下，需要政治结构向社会输出不偏不倚的仲裁规则，提供每一个社会阶层都可以接受的仲裁结果。社会公正是国家所以存在的全部理由。[③]毋庸置疑，研究政府责任需要在一个责任政府的结构内讨论才有意义。现代政府的性质应当是责任型政府，政府利用自身的权利和制度设计来规范公共行为，也要承担对设计的各种公共规约的落实义务。教育的公共性决定了政府必须为其发展提供保证。现代教育的公共性越来越突出，一方面是因为关于教育的大政方针权利掌握在国家手中，教育的普及和公平有助于公共利益的递增，一个国家对教育控制得越多，赋予教育的公共性越明显，收到的社会效益也就越明显；另一方面，在现代社会，教育已经成为个体自我发展的必需品，没有受过教育的个体在社会中将面临着种种障碍和壁垒，受教育权已经成为一项基本且必要的人权。但教育具有公共性并不代表着公民在受教育权利方面已经不存在公平性问题，当前，教育不公平现象仍然存在，而且已经从受教育机会公平转化为接受高质量教育的机会公平及一系列问题。正如我国的高等教育现状，入学

---

① 祝爱武.责任与限度：高等教育办学主体研究[D].南京师范大学，2012：56.

② ［英］洛克.政府论[M].杨恩派，译.江西教育出版社，2014：182.

③ 邓正来，郝雨凡主编.转型中国的社会正义问题[C].桂林：广西师范大学出版社，2013：518.

率的不断提高使得接受高等教育已经不是一个根本性问题，公众考虑的不是有没有高校可上，而是上什么样的大学，因为上什么样的大学事实上已成为用人单位进人时考虑的一个重要指标，关系到未来的工作和生活。此外，虽然具有公共性的教育既可以由政府供给，也可以由市场提供，但当市场力量进入教育领域时，市场的逐利性会使得部分教育资源尤其是优质教育资源变成具有学费支付能力等群体的专利，而一些优势群体也可能通过权力等与市场互动来占有特定教育资源，弱势群体于是失去了很多他们承受能力之外甚至闻所未闻的机会。而当下现代教育对个体的生存和发展具有越来越重要的作用，由此产生的后果是：优势家庭子女通过接受良好的教育，使得社会地位和经济收入更上一层楼，固化资本带来的既定的社会地位和经济收入，而弱势家庭子女则晋升无门，继续处于社会的底层，很难发生流动，社会结构通过教育被一代代复制和固化。也就是说，教育资源配置中不仅可能出现由非物质性资源配置的权力运作中生发某种教育不公平，而且可能在更为根基或本源的意义上剥夺某种资源获取的能力进而制造出教育不公平。

对于政府行政模式，我们可以大致地把它归纳为统治行政、管理行政和服务行政三大类。"统治行政总体上属于强权行政，其行政方式是以政治权力作为后盾对社会实施强制性管理，其权力责任与服务方向完全是指向少数特权统治集团的。相对于这种统治行政而言，我们可以把管理行政与服务行政归入公共行政范畴。然而，从公共行政的发展历史来看，管理行政还不能被看作是一种独立的行政模式，不具有真正意义上的公共行政的特性。"[1]也就是说，"具有充分公共性的公共行政是服务行政。只有在服务行政中，政府才能实现公共行政公正的价值取向"[2]。因此，服务型政府的真正内涵是其公共性，它的权力、责任与

---

① 刘祖云. 当代中国公共行政的伦理审视[M]. 北京: 人民出版社, 2006: 33.

② 张康之. 寻找公共行政的伦理视角[M]. 北京: 中国人民大学出版社, 2002: 186.

服务的指向都是社会公众，主要职能是满足社会公共需求，为社会提供充足优质的公共产品与公共服务。

美国著名经济学家弗里德曼认为，政府存在的价值就在于它是竞赛规则的制定者、解释者和执行者。政府是裁判，不是运动员。哈耶克提出"有限政府"的理论，认为政府的功能是有限的，虽然市场经济可能失败，但政府干预一定失败。因此，在市场经济的发展中，通过市场竞争规则引导人们的活动，在这一过程中政府是作为规则的制定者，承担好监督职能就足够了。

有限政府是相对于全能政府而言的，也就是说政府的权力职能和规模是有边界的。有限政府重视市场在经济活动中的作用，确保市场有效而公正。因此，政府的责任是提供经济运行的良好的法制环境，并能够公正裁判。法律制度高于政府的政策，而政府的主要责任是做好基础性工作，保护个人的生命、自由和财产不可侵犯。除了基础性工作之外，政府不必是唯一的提供者。而对于教育等公共事业，政府则有责任提供较好的产品，并保证其公平、公正。亚里士多德认为："公正不是德性的一部分，而是整个德性；相反，不公正也不是邪恶的一部分，而是整个邪恶。"公平正义是政府存在的必要条件。没有公平正义，政府也就没有存在的必要性。人们托付给一个值得信任、依赖的机构，能有效率地行使公正、平等职能，并作为判断、处理任何矛盾关系的"法官和裁判的第三者"的责任和义务，以便其维护社会的正常秩序。而谁具备这种资格和能力呢？无疑，只有国家和政府才具备合法的权威资格和能力，才能胜任这唯一的角色。[①]但是，胜任做与有义务做是两个概念。一般而言，胜任意味着有能力做，义务意味着不得不，即有义务作为或不作为，并且若要求作为时而不作为或乱作为，行为主体应该为自身行为负责，即承担行为责任。直言之，并不是说政府有能力塑造公平

_____

① 刘少杰等.社会学理性选择理论研究[M].北京：中国人民大学出版社，2012：106.

的教育就要为公平教育的塑造情况承担责任，对不公平的教育状况负有改善的义务。能力仅仅是前提和基础，更重要的是因为现代政府是责任政府，责任是政府的约束边界，教育作为公共事业其公平状况是政府责任范围，亦为应尽义务。既然政府有义务促进教育公平，改善教育不公平，那么政府如何得以实现呢？首先是法治。法治是责任政府的制度基础与精神内核，责任政府首要体现为法治政府。因此，政府应该通过体现公平正义的法律、制度等规约供给，并依据所设计的法律制度，为教育领域的公平正义提供保障。同时，政府责任也是法律制度所规定的一部分，政府及其官员的行为受到法律法规的明确规定，政府及其官员不能利用手中权力在教育领域进行权力寻租，谋取不当得利，进而破坏教育公平。其次是德治。道德是责任政府的重要要求。对于责任政府的实现，无疑首先要依靠制度力量，但制度力量有其局限性，它是一种外在的力量，主要侧重于对消极行为的限制。相比之下，道德力量依靠社会舆论、传统习俗和内在信念起作用，其影响具有广泛性、基础性和倡导性。[1]政府作为社会道德的倡导者和塑造者，对于全社会道德水平的发展起着关键性作用，它应该通过教育、舆论、信念和习俗等手段，建立倡导公平价值观的社会秩序，并对违背公平价值的不道德行为进行谴责。

最后，不得不提的是，政府不仅是教育公平的倡导者和塑造者，还可能是教育不公平的肇事者。作为肇事者，为自己的行为负责显然是应有之义。政府作为公共管理组织，追求社会公平无疑是民主国家政府公共性的基本规定，但现实中政府可能扮演两种截然不同的角色，政府既是维护社会公平的关键力量，也是导致不公平的主要根源，我们将这一结论称之为"政府公平悖论"。[2]当下存在的教育不公平状况在一定

---

① 陈国权等.责任政府：从权力本位到责任本位 [M].浙江大学出版社，2009：124.

② 陈国权等.责任政府：从权力本位到责任本位 [M].浙江大学出版社，2009：102.

程度上是政府主导下的制度设计或主流价值塑造的结果，尽管政府一直承诺会改善明显存在的教育不公平，并期望通过制度等规则的设计为教育公平提供保障，但无论是之前的重点学校政策、示范学校政策还是高等教育中的"985"工程、"211"工程，都带有明显的教育分层倾向。即便当前政府正在积极推进义务教育阶段就近入学政策，也无法证明这一政策能有效地促进教育公平。因为由于长期以来城乡二元结构倾向于城市的政策规约和校际之间的重点学校制度，造成当下我国义务教育阶段已经存在城乡不公平和校际不公平，就近入学政策没有改善这种不公平，只是与传统的权力择校相比，就近入学政策的最大进步在于实现了经济择校，受教育者可以通过购买学区房而享受优质的教育资源，把不能够承担高额购房费的家庭排斥在择校群体之外，使得择校人数较之前大大减少，从而实现金钱面前人人平等。

因此我们认为，现代政府有责任保障社会公平，实现社会公正，履行程序与制度公正的责任，并提供市场不能提供的公共产品。对于高等教育而言，政府通过合理地配置高等教育资源，制定有效的高等教育公共政策，加强对高等教育发展的监督与评估，为高等教育的健康发展提供优良的社会环境，以更好地促进高等教育的公平发展，办好让人们满意的高等教育，实现社会的和谐与稳定。

（四）政府应适应经济和社会发展

公平、正义总是一个历史时期的人们的愿望和期待。公正、正义在任何社会都不是抽象的、绝对的。它是一定社会时期的政治、经济的反映，是具体的、历史的。教育作为公共事业的一部分，不仅对促进公共事业发展具有重要影响，而且教育利益分配对于社会个体未来资源的获取以及生活越来越具有决定性意义。所有社会成员事实上对与他们的天赋和才能相称的高标准可实现的生活计划拥有相同的权利要求，因社会的起始地位或其他形式的不公正对待和歧视而对个体的生活机会加

以限制，在道德上是不可证明的。[①]所以，教育公平作为体现教育公共
性的应然要求，必然会成为政府制定和实施教育政策所追求的 嚚 本价
值，没有教育资源的分配和受教育个体参与机会分配的公平性，就不可
能实现教育的公共性。政府角色总是体现为社会不正义的"消防员"的
身份，而掩盖了政府本身同样也是不公平现象的"肇事者"。在诺斯看
来，人们本着追求经济利益最大化原则选择政府，而政府的行为结果却
最终偏离了预期方向，反过来成为限制自身利益和社会利益的根源。这
就是著名的诺斯"悖论"。政府作为教育政策的供给者，不仅是促进教
育公平的主导力量，有时也可能是造成教育不公平的主要影响因素。从
这个角度来说，政府作为教育不公平的肇事者对促进教育公平显然应当
承担相应责任。政府作为一个组织自身存在着个体和集体的关系问题，
政府官员作为"理性人"一样有着自身利益要求甚至是特殊利益要求，
少数人可能借集体的权威或个人拥有的权力在制定公共教育政策时使个
人利益合法化，这往往导致公共教育政策成为其制定者群体用于维护自
身利益的有力工具，但在面对责任时他们却可以借助集体之名逃避自己
应当承担的责任。在一定程度上可以说，这是造成教育不公平极易被忽
略的原因，也是许多教育政策收效甚微或流于形式的重要原因。

高等教育公平有其经济与社会发展的背景，因此促进高等教育公平
的政府责任应该适应经济社会发展的实际情况。高等教育公平在特定的
历史时刻有特定的内涵，不同的历史发展阶段，政府保障高等教育公平
的责任也是不同的，是有限的，是不能超越经济社会发展阶段的。

义务教育阶段，政府的主要责任是保证每一个社会个体平等地接受
义务教育，因此，提供充足的教育资源，以立法形式约束社会成员实施
义务教育。实现平等的教育权利，不因种族、性别、家庭背景、社会地

---

① ［德］维尔福来德·亨氏. 被证明的不平等: 社会正义的原则［M］. 倪道钧, 译. 北京: 中国社
会科学出版社, 2008: 5.

位而有区别。

高等教育在不同的历史发展阶段，政府承担保障公平的责任也是不同的，随着社会经济的发展，知识的价值越来越显现，人们不再满足于入学机会的平等。义务教育阶段的教育公平在于资源的充分，而高等教育公平既要有资源的充分，更要有规则、制度的公平与合理。当今国际社会许多国家的教育政策，逐步从保障起点的平等开始向过程平等和结果平等方面发展。从根本上而言，高等教育公平的最终实现，有赖于充分的高等教育机会，开放的多元的教育体系和灵活的学校制度，也就是终身教育的机会环境和体制。国家社会越进步，经济越发展，对教育的重视程度越高，社会个体也对教育有越强烈的渴望。因此，政府应在保障教育公平方面承担更大的责任。

三、促进高等教育公平的现实意义

（一）有助于和谐社会的构建

高等教育公平作为社会公平的重要组成部分，是和谐社会的重要内容，又是和谐社会的重要基础，还是和谐社会的实现途径。只有高等教育的充分发展，才能不断满足人们日益增长的高等教育需求，才能使更多的人有向上发展的机会，才能使高等教育公平充分实现。促进高等教育公平也能促进社会实现公平、正义。

我们要建设和谐社会，就必须实现社会的公平、正义，只有促进高等教育公平，才能促进社会的公平。因此，高等教育公平应当成为社会的重要价值观念，高等教育的公平发展关系到社会民主化进程，关系到我国社会主义市场经济的可持续发展，关系到人们素质的全面提升，并最终决定了和谐社会的实现。

其一，调整社会利益关系，促进社会公平。2005年胡锦涛总书记在阐述社会主义和谐社会的特征时明确指出："公平正义，就是社会各方面的利益关系得到妥善协调，人民内部矛盾及其他社会矛盾得到正确处理，社会公平和正义得到切实维护和实现。"①在现实生活中，由于经济社会地位、家庭背景等方面客观上存在着巨大差别，所以人们不断努力接受高等教育，实现社会地位和生存状态的改变。因为接受高等教育可以为处在不利社会地位的群体或者个体提高素养，提供生存与发展的技能，增强平等参与社会竞争和社会发展的能力，实现社会个体向上发展的机会，提高他们的社会地位，改变他们的生存环境，从而缩小社会差距，平衡社会关系，实现社会均衡发展。美国学者贺拉斯·曼说："教育是实现人类平等的伟大工具，它的作用比任何其他人类的发明都伟大得多。"②

其二，维护社会活动准则，促进社会民主。一个稳定、和谐、团结的社会需要为人们提供一个大家普遍遵守的共同的社会价值观，在这个价值观的指导下，有一套共同的活动准则，或者文化传统，实现人与人的和谐相处。

"在全世界，各种形式的教育的使命都是在人与人之间建立一种基于共同准则的社会联系。使用的教育手段就像文化和环境那样多种多样，但是无论在什么情况下，教育的主要目的就是使人作为社会的人得到充分的发展。"③高等教育能够使每个受教育者提高素质，加强民主理想与实践，学习并拥有一定的必要的生存与发展的手段，从而更自觉地、积极地发挥公民在社会发展、经济建设、民主建设中的作用，增强社会责任感，遵守社会规范，维护和稳定社会契约，使个人自由与社会的共同组织形式相协调，实现社会和谐发展。

其三，缓和社会矛盾，促进社会稳定。和谐社会需要不断缩小社会差距，逐步实现共同富裕，达到社会均衡发展。社会共同富裕、人民生

---

① 邓玉蓉. 实现公平正义重在有效整合利益关系[J]. 新课程（教育学术），2008（4）.

② 约翰·布鲁贝克. 高等教育哲学[M]. 杭州：浙江教育出版社，1998：71.

③ 陈彬. 论中国高等教育公平的价值追求与政策抉择[J]. 华中师范大学学报（人文社会科学版），2003，42（2）.

活幸福是社会稳定的基础，要实现社会共同富裕，重要的一个方面就是提高公民素质，提高劳动者素质，这就要依靠教育，不断提高人民的收入，扩大中等收入阶层。杜威等人认为，当社会存在经济及社会地位等方面的巨大不平等的情况下，教育能够给人提供公平竞争，向上流动的机会，从而帮助弱者摆脱由于出身所带来的个人发展方面的局限，显著地改善人的生存状态，减少社会性的不公平。

一般而言，在一个社会中，社会成员受教育程度的高低往往与其社会地位的高低、社会价值实现的大小、收入的多少呈正比例关系。社会个体受教育程度的不同，往往会导致社会地位和收入的巨大差距。在现代社会中，特别是知识的价值越来越重要的社会中，人的受教育的程度，决定了人参与社会、参与经济活动的程度。在现代社会，一个不具备基本知识基础的人很难参与到现代化的过程中，很难参与现代化生产，很难参与一定的社会管理。因此，他们的社会地位，收入水平必然很低。事实上，我国贫富差距的核心问题是大量低收入群体的存在。现代社会没有接受过高等教育，且素质不高的劳动人口无法参与到正常的社会生产和社会生活中，将会造成人力资源的浪费，成为社会的隐患，使社会稳定的基础遭到破坏。因此，我们应该通过提高劳动者受教育程度，扩大中等收入群体，使他们成为社会稳定的主力。

（二）有助于政府行政能力的提高

维护和实现社会公平正义，符合最广大人民的根本利益，是我国社会主义制度的本质要求。要在促进社会发展的同时，把维护社会公平放到更突出的位置。现代管理学认为，政府是管理社会公共事务、协调社会公共利益的代表。政府应是责任政府、有限政府，政府在管理公共教育事务时应该是"掌舵而不划桨"。

一般来说，资源分配的方式有两种，一种是计划方式，以政府为主导；一种是市场方式，以市场为主导。私人物品的分配中市场是主导，而公共产品的分配则不能完全依赖于市场。高等教育具有公共性，因此，高等教育资源的分配不能单独靠市场，政府应该承担主要责任。高等教育具有培养人和促进社会进步的功能，因此，政府应该有责任努力实现社会个体平等地接受高等教育权利的机会，从而促进社会发展，促进社会公平。

政府促进社会个体接受教育的平等权机会的实现，应该通过公共政策的调整和改进来实现，其中包括高等教育资源的分配，高等教育机会的平等，高等教育结果的平等等。这不仅关系到社会个体的进步与发展，也关系到社会可持续发展和实现和谐社会的目标。

因此，政府在制定高等教育的公共政策时，应该把高等教育公平作为主要的原则和发展的目标，通过体制的转变、政策的调整，实现科学民主决策和公平完善的规则，促进高等教育公平保障体系的建立，促进高等教育的健康发展和高等教育公平。

高等教育公平重在规则的合理。因此，高等教育的决策更体现在政府决策的水平和艺术，应该不断提高政府决策的科学化、民主化，提高政府的执政能力。政府要明确自己促进高等教育公平的主要责任。这是对政府行政能力提出的更高要求，有助于推动政府对高等教育行政管理绩效的提升，增强政府的公信力，有助于良好社会风气的形成。

（三）有助于促进高等教育持续健康协调发展

高等教育的持续健康协调发展是科学发展观在教育领域的重要体现。科学发展观的基本要求是全面协调可持续，就是要全面推进经济建设、政治建设、文化建设、社会建设，促进现代化建设各个环节、各个方面相协调。高等教育作为教育系统的子系统，是社会组织的重要组成部分，高等教育的和谐发展是社会经济的可持续发展在教育领域的移植。社会可持续发展与高等教育息息相关，社会经济发展是高等教育发展的基础，高等教育发展又能促进经济的发展。"高等教育可持续发展是指高等教育按照自身规律，以健康、持续、稳定地与经济协调发展为目的，立足现实、着眼未来，以最大限度地与社会经济可持续发展相协调为准则，来选择自身的发展道路。"①高等教育健康可持续发展要求高等教育要明确发展目标，合理发展规划，使高等教育在层次上、类型上布局科学合理，以使高等教育健康持续发展。

（四）有助于公民权利的保障和个人发展

《国家中长期教育改革与发展纲要》（2010—2020）指出：教育公平的关键是机会公平。从法律上讲，公民受教育权利是公民的基本人权，公民只有接受适当的教育，才有能力获得和行使其他社会权利。因为只有教育才能不断提高人的素养，增强适应社会的能力，增强生存与发展的本领，否则将丧失在政治、经济和社会其他领域的权利实现。

实现公平的高等教育权是个人发展的必要条件。马克思指出："教育是人类发展的正常条件和每个公民的真正利益，教育是每个公民都应该拥有的一项平等权利。"②

1983年美国出台的题为"国家在危机之中：教育改革势在必行"（A National at Risk：The Imperative for Education Reform）的报告中曾说："美国人民需要知道，在我们的社会中，个人如不具有新时代所必需的一定水平的技能、读写能力和训练，他实际上将被剥夺公民权，不能胜任工作，因工作而来的物质报酬将被剥夺，而且充分参与我们的国民生活的机会也将被剥夺。"③随着经济、社会的发展以及科技在生产生活中的广泛应用，人们就业压力不断增大，社会竞争日趋激烈，生存压力越来越大，社会分工越来越细，新的职业不断产生，因此，高等教育在人的社会地位选择、职业等级选择上的作用越来越突出。

因此，在高等教育系统中能否得到公平对待，对个人的发展、进步

---

① 王德宠. 确立21世纪高等教育的可持续发展理念[J]. 北京邮电大学学报（社会科学版），2001（2）.

② 马克思恩格斯论教育[M]. 北京：人民教育出版社，1979.

③ 美国教育质量委员会. 国家处在危机之中：教育改革势在必行（1983）[A]. 国家教育发展研究中心. 发达国家教育改革的动向与趋势（第一集）[C]. 北京：人民教育出版社，1986.

和实现幸福都十分重要。所以，促进高等教育公平，有助于公民高等教育权利的保障。

（五）有助于现代社会的可持续发展和社会文化的提升

英国史学泰斗汤因比曾说："人不仅仅是靠面包过活的，无论人的物质生活可能被提多高，也无法治愈他在精神上对社会公平的追求。"[①]人类对公平的追求是永无止境的，永不满足的，而追求高等教育公平能够推动人类社会不断向前发展。教育，特别是高等教育可以普及与提高国民素质，提高人的修养，提高社会的民主化程度，并能够促进社会观念和伦理道德的变化，提高社会精神文明的水平，从而促进社会关系和社会秩序的改善。教育能够改善不利群体的生活状态，提升他们的社会地位，扩大他们的生活视野，有利于人们升华对生活意义的理解，有利于提升人们对人与人、人与社会、人与自然关系的理解、社会道德水准的提高。这些积极的精神力量促进社会不断进步。所谓"以人为本"就是说人是发展的出发点，也是发展的归宿点，发展就是实现人的各种利益要求。把高等教育公平作为发展高等教育的重要准则，才能够提高全体人员的素质，挖掘人口资源，实现人力资源强国的理想。

高等教育要健康持续的发展就必须实施公平的高等教育，一个发达的现代社会应该为人们提供公平的学习机会，也应该为人们提供公平的成功的机会，公平的机会的标志是人们成功与发展的机会的起点是公平的。高等教育的公平发展，有助于社会的可持续发展和社会文化的提升，也能够为和谐社会的建设奠定坚实的基础。

---

① ［英］汤因比. 文明经受考验[M]. 杭州: 浙江人民出版社, 1988.

第五章 高等教育公平的影响因素分析

  中华人民共和国成立后，特别是改革开放以来，我国高等教育取得了长足的进步，1999年高等教育扩招以来，高等学校的门槛已大大降低了，高等教育已经不再是稀缺资源。因此，可以说高等教育大众化促进了高等教育公平，高等教育大众化在保证公民平等地接受高等教育方面取得了很大的成绩。但由于种种原因，现在的高等教育仍然存在着不公平问题，高等教育公平是需要不断完善、不断进步的。

  我国教育事业在新中国成立初期，按照《共同纲领》确定的"民族的、科学的、大众的"新民主主义文化方向，党和政府在教育决策上，坚持教育的公平性，即教育的人民性，坚持教育必须面向人民大众，为人民大众服务的方向。在这样的思想指导下，新中国成立初期的高等教育事业迅速地发展起来。但是，随后的"十年动乱"使我国的教育事业，特别是高等教育受到严重的冲击，直到1977年恢复高考制度，才使不同家庭出身、不同社会背景的学生在高考成绩面前享有了公平进入高等学校的机会，这是我国恢复教育秩序、实现教育强国的历史转折点。高考制度也解除了对高考考生年龄、婚姻状况的限制，这样使在"文革"时期错过接受高等教育的公民拥有了接受高等教育的权利，高考制度的恢复使得我国高等教育的规模、质量都有了显著的发展。

  1978年我国实行经济体制改革以后，确立了社会主义市场经济地位，社会、经济迅速发展，教育得到了社会的广泛关注。各行各业对高级专门专业人才的需求更加旺盛，高等教育体制向着精英化和市场化方向发展。然而进入80年代中后期后，随着我国社会经济的迅猛发展，高等教育的社会需求迅速扩大，精英化教育已经不能适应社会发展的需要，因此，高等教育逐步走向大众化教育阶段。

在这种背景下，从1999年开始，我国实行了普通高校扩招政策。仅1999年，中国普通高校招生159.7万，比1998年招生数（108.4万）增长了51.3万，标志着中国高等教育开始进入一个规模快速扩张的新时期。其后的几年，我国的普通高校招生数都以每年50—70万的速度增长。

在"十五"和"十一五"期间，我国高等教育事业实现了跨越式发展，2009年我国高等教育毛入学率已达到25%，也就是说在高等教育适龄青年每四人中就有一个大学生，比1999年高校扩招时提高了近10个百分点，在学人数达到2400万人，高等教育规模居世界第一。《国家中长期教育改革与发展纲要》指出：到2020年，高等教育大众化水平进一步提高，毛入学率达到40%。

这样我国高等教育从"精英教育"阶段迅速进入到大众化发展阶段，国家整体教育水平和人口素质也有所上升，特别是许多中西部欠发达地区、广大农村地区的适龄人口都有了更多的接受高等教育的机会，使我国在高等教育机会均等方面有了重大进步。高等教育体系进一步完善，高等教育质量进一步提高，我们已经初步建立了覆盖高等教育各个层次、各学科门类齐全的现代高等教育体系，为社会主义现代化建设培养了大批高素质的专门人才。尽管我国高等教育事业的发展取得了令人瞩目的成就，使人民群众对高等教育的需求得到了部分满足，也为实现高等教育机会均等奠定了一定的物质基础和必要条件。但高等教育的发展与广大人民群众日益增长的精神文化需求还有距离，与社会主义和谐社会对高等教育公平应具有的实质内涵和要求还有距离，与现代化的高水平的高等教育体系的建设还有距离。

一、政策制度对高等教育机会均等的影响

（一）城乡结构与高等教育机会均等

我国实施市场经济改革以来，社会经济得到迅速发展，城乡居民的收入水平显著提高，人民生活水平不断改善，因此，人们对高等教育的需求也不断增加。但是，由于社会发展中长期存在的城乡二元结构，造成了城乡经济的不平衡，农村经济发展基本靠自我积累，而城市随着发展建设经济水平提高较快，导致城乡的差距不断扩大，日益扩大的贫富差距必将导致非常严重的社会、经济问题。一系列的城乡二元经济结构会使整个社会在改革向纵深方向发展的过程中产生断裂，社会矛盾也会由此激增。虽然现在我国整体经济规模已经具有相当的基础，但值得我们注意的是，我国的城乡经济和社会的均衡发展也有加大的趋势，城乡之间的差距还有进一步扩大的倾向。近年来，我国社会中城乡差距、收入差距、贫富差距，已经成为社会最为关注的一个热点问题，然而在城乡差距中最重要、最突出、最受社会关注的、对社会发展有重要影响的是教育差距。

1. 在校生规模

新华社在2009年1月初，播发了温家宝总理的署名文章，称："过去我们上大学的时候，班里农村的孩子几乎占到80%，甚至还要高，现在不同了，农村的学生比重下降了。这是我常想的一件事情。"[①]

我国于1952年实行全国高等教育本专科统一招生考试制度，至今已有50余年，期间虽因文革而停顿，1977年恢复以来，至今仍然发挥着为国家选拔人才的重要作用。几十年来，虽有部分调整，但基本制度没有改变。我国高考招生制度实行招生考试名额的制度，这种制度极大限制了农村适龄学生接受高等教育的机会。目前我国的普通高等学校招生考

---

① 记者邱瑞贤，通讯员杨明伟．农村娃上大学比重下降隐情何在？[N]．广州日报，2009-01-23．

试中，大部分实行的是"统一的教学大纲""统一的教材"和"统一的考试难度"政策，虽然体现了考试公平、能力公平的原则，可实际上，统一大纲、教材、考试难度的制定主要是依据较高水平的基础教育，特别是城市基础教育的教学条件及学生的学习水平、学习能力。

而事实上，在我国城市和农村存在着教学条件、师资力量、办学水平等方面的明显差距。这样，高考中的考试内容和标准，甚至有些考试方式，对于教育资源相对匮乏的广大农村考生来说难度过高，对于落后的农村地区考生则非常不利，还有诸如体育、艺术类高校考试，诸如外语听力考试、计算机考试都存在类似的问题。这对办学条件、家庭条件相对贫乏的农村考生来说，需要付出更大的努力，才有可能在高等院校招生考试中获得录取机会。

2009年1月23日《广州日报》以"农村大学生比例30年下降一半，机会不均等延续"[①]为题报道了农村大学生比例减少的情况。报道说："从全国范围来看，目前城乡大学生的比例分别是82.3%和17.7%，而在20世纪80年代，高等学校中农村生源还占30%以上。因此有专家认为，近年来农村孩子上大学的绝对人数没有减少，甚至还有可能增加，但农村孩子在大学生源中的比例在明显下降，与20世纪80年代相比几乎下降了近一半。"[②]

报道指出："2006年1月，我国高等教育公平问题的研究"课题组，国家教育科学"十五"规划课题对有关情况作了调查研究，结果表明学历在提高，城乡之间的差距也不断扩大，调查显现高中、中专、大专、本科、研究生学历人口的数量比较，城市分别是农村的3.5倍、16.5倍、55.5倍、281.55倍、323倍。[③]

"课题组同时还调查了部分国家重点高校。2000年清华大学农村学

① 记者邱瑞贤，通讯员杨明伟. 农村娃上大学比重下降隐情何在? [N]. 广州日报，2009-01-23.
② 记者邱瑞贤，通讯员杨明伟. 农村娃上大学比重下降隐情何在? [N]. 广州日报，2009-01-23.
③ 记者邱瑞贤，通讯员杨明伟. 农村娃上大学比重下降隐情何在? [N]. 广州日报，2009-01-23.

生的比例为17.6%，比1990年减少4.1个百分点；1999年北京大学农村学生比例为16.3%，比1991年减少2.5个百分点；2002年北京师范大学的农村学生的比例为22.3%，比1990年减少了5.7个百分点。"①以上数字显示了农村学生在重点大学的数量呈下降趋势。

在这些学校近几年的新生生源中，城市学生的比例在上升，农村学生的比例在下降，特别是重点大学，农村学生的比例下降更多。

《人民日报》2009年1月15日报道："全国范围内农村生源比例为50%，重点高校仅为30%。"②据记者调查，"南开大学近3年来统计数据显示：2006年农村新生比例为30%，2007年这一数据为25%，2008年为24%，下降趋势比较明显。清华大学、北京师范大学、华北电力大学、北京理工大学等近几年的统计则显示，农村新生比例最高时也不超过1/3。"③"根据湖北省高招办的统计：2002年至2007年，湖北全省考生的录取率平均为66.3%，其中，城市、农村考生的录取率分别为68.2%和64.8%。农村考生录取人数平均每年比城市考生多1.7万，但录取率却低了3.4个百分点。"④教育部学生司本专科副处长苟人民介绍说："我们也注意到，农村考生报名、录取占相应总数的比例，均未达到同期农村人口占全国总人口的自然比例；农村考生的高考录取率，也从未达到同年的总录取率水平。这些都真实反映了客观存在的城乡差距。"⑤根据《中国人口统计年鉴》的统计数据，2007年的城市人口和农村人口的比例为40.53：59.47⑥。从全国城市和农村人口比例来看，农村学生接受高等教育比例偏低，而且随着学历的增高，城乡之间的差距逐渐拉大。

① 记者邱瑞贤，通讯员杨明伟.农村娃上大学比重下降隐情何在? [N].广州日报，2009-01-23.

② 记者：赵婀娜，田豆豆，袁新文.重点高校农村学生越来越少[N].人民日报，2009-01-15.

③ 记者：赵婀娜，田豆豆，袁新文.重点高校农村学生越来越少[N].人民日报，2009-01-15.

④ 记者：赵婀娜，田豆豆，袁新文.重点高校农村学生越来越少[N].人民日报，2009-01-15.

⑤ 记者：赵婀娜，田豆豆，袁新文.重点高校农村学生越来越少[N].人民日报，2009-01-15.

⑥ 国家统计局.2008年中国统计年鉴.中国统计出版社，2008：6.

从国家教育科学"十一五"规划课题之——"我国高等教育公平问题的研究"课题组获悉，"2007年统计结果，小学及以下文化程度的人群在农业人口和非农业人口中所占的比例分别是51.5%和16.3%；初中文化程度的人群在农业人口和非农业人口中所占的比例分别是41.5%和32.4%；高中文化程度的人群在农业人口和非农业人口中所占的比例分别是6%和21%；中专文化程度的人群在农业人口和非农业人口中所占的比例分别是0.8%和13.2%；大专文化程度的人群在农业人口和非农业人口中所占的比例分别是0.2%和11.1%；本科文化程度的人群在农业人口和非农业人口所占的比例分别是0.02%和5.63%；在城市，获得高中、中专、大专、本科、研究生学历人口的比例分别是农村的3.5倍、16.5倍、55.5倍、281.55倍、323倍"[1]。

我国高等教育自从2001年高校招生城市考生数首次超过农村后，至今，城市报名人数的增长幅度远远大于农村，这表明高校扩招名额更多地为城市学生所享用。各方面因素导致城乡子女高等教育入学机会的差异性是十分显著的。从总体分布看，城镇学生所占比例大大高于乡村的学生所占比例，其比值2007年为60.7∶39.3，二者相差21.4个百分点。而同年，城镇人口和乡村人口之比与以上比例刚好大致相反。[2]

《广州日报》2009年1月23日报道："初中升高中的升学率远低于扩招之后的高考升学率，进入重点高中的竞争比考大学更为激烈。瓶颈还是在中等教育阶段，尤其是高中阶段。按照教育部《2005年全国教育事业发展统计公报》的数字，2009年全国高中阶段教育在校学生4030.95万人，按毛入学率52.7%，将有3500多万初中生流入社会。其中，这些流失的孩子，大部分都是农村初中生。"[3] "华南师范大学人才测评与

① 万顺福. 构建社会主义和谐社会视角下的高等教育机会均等问题研究[D]. 四川师范大学，
② 谢作栩，罗奇萍. 闽、湘、川3省社会阶层高等教育机会均等的初步调查（全国教育科学"十一五"规划国家重点课题阶段性研究成果）[J]. 教育与经济，2008（3）：44.
③ 记者邱瑞贤，通讯员杨明伟. 农村娃上大学比重下降隐情何在? [N]. 广州日报，2009-01-23.

考试研究所所长张敏强指出：现实中存在的高等教育入学机会的差距，是整个教育体系结构性不均等的一部分，在相当程度上是高中阶段机会不均等的一种积累和延续。"①

因此，城乡间差距会影响城乡学生的高等教育接受情况，让农村孩子能够享有和城市孩子等同的高等教育入学机会任重而道远。

2.学校专业差异

城乡高等教育的差异不仅体现在招生数量和规模上，也反映在城乡学生就读高校的专业选择上。接受高等教育的城乡学生不同的专业选择可能有两个方面的原因：一是由于城镇学生的教育资源相对优势，造成了对许多目前热门专业的垄断；二是，城镇考生和农村考生在高考填报志愿时的心理状态不同，心理处于劣势，因此农村考生因为惧怕填报较好的学校或较好的专业使考试难度增大造成无法录取，所以填报志愿时十分保守，许多农村考生都抱着"能上就行"的想法，而城镇考生具备一定的心理优势，填报志愿则相对客观，敢于填报更有竞争力的学校和专业。

《人民日报》报道：记者调查农民子女就读的专业为两类，一类是免费或者学费较少的专业，如军事、公安、师范，另一类是高考相对容易的冷门专业，升学机会相对大些。这些学校不收费或收费低，农民子女才较多。

参考刘元鑫以南京大学2006级学生就读专业为样本考察得出的数据可以发现，"城镇学生占该专业全部学生比例最大的10个专业依次为：舞蹈学100%、表演艺术95.24%、广播电视编导82.61%、建筑学81.36%、城市规划80.65%、园林80.95%、国际贸易78.57%、对外汉语76%、景观建筑设计75.86%、工商管理72.50%；而农村学生占比例最大的10个专业依次为：工程力学67%、工程管理65.71%、机械设计制造及

---

① 记者邱瑞贤，通讯员杨明伟. 农村娃上大学比重下降隐情何在? [N]. 广州日报，2009-01-23.

其自动化65.48%、微电子学64.29%、数学基地班63.33%、核工程与核技术63.13%、信息管理与信息系统62.32%、农林地矿工程62.00%、冶金工程61.54%、工业工程60.98%。"①

通过上述资料表明，城镇学生就读的专业在学校所有专业中所占比例较大的专业往往是南京大学的优势学科或者是目前的热门学科，以及在当今社会行业中收入较为丰厚的专业，城镇学生选择的专业从未来的就业地区选择、经济收入看都比农村学生就读的专业有明显的优势。一般看来，农村学生占比例较大的专业主要集中在理工科及农学等专业，这些专业绝大多数在目前来看属于就业地区相对偏远和经济收入较低的行业。可以看出，城乡学生在入学机会上的差异在某种程度上也决定了他们在未来踏入社会后的竞争力是有差别的，这也决定了他们就业之后的社会地位和经济地位会有一定的差异。

"一项对全国37所不同层次高校的调查显示，城乡之间获得高等教育的机会整体差距为5.8倍，在全国重点院校中则达到8.8倍，即便在地方高校中也有3.4倍，超过了城乡居民经济收入2.8倍的名义差距。"②根据有关资料表明，现在我国仍然是世界上文盲人口总数第二的国家，有成年文盲1.45亿。在这一群体中农村人口占大多数，因为我国已经基本上实现了城镇的九年制义务教育普及工作。

目前在我国高等教育系统中，城乡学生的分布情况是不同的，农村学生大多主要在相对薄弱地区的薄弱院校，就读的专业也大多是收费较低的或者是免学费的专业，诸如农林、师范、军事等冷门学科。这些学生中许多人处在相对贫困的状态，生活艰难，这种差距存在不断拉大的趋势，学历越高差距越大。因此，城乡经济水平的差异会在一定程度上影响学生的就读专业，且差距越大越明显。

① 刘元鑫. 高校收费对教育机会均等的负面影响及反思[J]. 复旦教育论坛, 2008(2): 63.

② 和谐发展需解决四大问题[EB/OL]. 宁夏日报, http://news.sina.com.cn/c/2005-10-31/07407314151s.shtml, 2005-10-31

（二）地区差异与高等教育机会均等

随着我国经济持续高速增长，市场取向的改革不断深化，加之历史和地理的原因，地区间经济发展的不平衡也不断加剧。我国是一个发展中的经济大国，经济发展的不平衡性不仅表现为部门、城乡发展的不平衡，也表现为地区间发展的不平衡。在各地区发展的条件不同，可供经济发展的资源也是不同的，在经济发展过程中，不平衡发展有助于稀缺资源的有效配置，提高经济增长的效率和质量。但地区经济发展差距过大，不仅不利于社会的稳定，还可能会带来社会各地区的分化和断裂，直接影响全体国民的公平的共同发展、均衡发展，延伸到教育领域就造成了高等教育机会的不均等问题。

1.招生规模

2001年8月，青岛三名女生状告教育部，揭开了我国高校招生省际间录取机会与分数要求不均的矛盾，有媒体指出这是"倾斜的高考分数线"或"教育的最大不公平"。高等教育入学机会的不均等在我国各地区之间体现得十分明显。虽然我国目前实行相对统一的高考招生制度，但录取名额在各省各市的分配并不是按照各地区人口数比例分配的，也不是按照当年各地区考生数在全国的生源数量比例分配的。各地区各省市差距很大，因而造成同一层次、同一高等院校的录取分数线在各省市差距十分巨大，特别是在高考试卷统一命题的年份，这种差距表现得尤为强烈。我们可以通过高考录取率和重点大学在各地区招生名额看入学机会的不均等。

表5-1 2009年各地区的高考报名人数、录取人数及录取率

地区	报名人数（万人）	实际录取人数（万人）	录取率
江苏	54.6	42.3	77.5%
安徽	57.2	33.1	57.9%
天津	7.7	6.5	84.4%
上海	8.3	6.1	73.5%

续表

地区	报名人数（万人）	实际录取人数（万人）	录取率
北京	10.1	7.0	69.3%
山东	70.0	52.1	74.4%
河北	55.9	33.3	59.6%
吉林	19.7	15.6	79.2%
陕西	40.5	23.4	57.8%
广东	64.4	40.2	62.4%
重庆	19.6	14.3	73.0%
山西	36.0	9.8	27.2%
湖南	50.8	34.1	67.1%
福建	30.5	20.7	67.9%
江西	35.0	25.5	72.9%
辽宁	26.0	21.8	83.8%
四川	50.0	30.6	61.2%
湖北	52.0	36.8	70.8%
甘肃	28.6	15.8	55.2%
海南	5.8	4.7	81.3%
青海	3.7	3.1	83.8%
内蒙古	24.6	15.5	63.0%
广西	30.2	22.6	74.8%
新疆	16.7	10.5	62.9%
河南	95.9	56.0	58.4%
黑龙江	23.0	18.8	81.7%
西藏	1.4	1.0	73.5%

地区	报名人数（万人）	实际录取人数（万人）	录取率
浙江	32.4	26.7	82.4%
贵州	24.0	13.9	57.9%
云南	22.0	12.0	54.5%
宁夏	5.8	3.6	62.1%

数据来源：参考高考腾讯网编辑整理

表5-2　清华大学2009年在各省市自治区实际招生的本科生人数

地区	报名人数（万人）	招生数（人）	招收比例
江苏	54.6	180	0.03%
安徽	57.2	115	0.02%
天津	7.65	88	0.11%
上海	8.3	135	0.16%
北京	10.1	433	0.42%
山东	70	165	0.02%
河北	55.9	114	0.02%
吉林	19.7	102	0.05%
陕西	40.5	125	0.03%
广东	64.4	120	0.018%
重庆	19.6	61	0.03%
山西	36	90	0.03%
湖南	50.8	161	0.03%
福建	30.5	94	0.03%
江西	35	88	0.03%
辽宁	26	169	0.07%

地区	报名人数（万人）	招生数（人）	招收比例
四川	50	139	0.03%
湖北	51.95	122	0.02%
甘肃	28.6	56	0.01%
海南	5.78	23	0.04%
青海	3.6983	21	0.05%
内蒙古	24.6	65	0.03%
广西	30.2	58	0.02%
新疆	18	42	0.02%
河南	95.9	154	0.02%
黑龙江	23	113	0.05%
西藏	1.36	7	0.05%
浙江	32.4	136	0.04%
贵州	24	55	0.02%
云南	22	42	0.02%
宁夏	5.8	24	0.04%

数据来源：参考腾讯高考网编辑整理

　　从以上数据可以看出地区差异导致的录取机会是有差别的。近几年，随着高考竞争的加剧，高考录取分数线的杠杆正越来越向发达地区的省市倾斜。这样，我国的地区之间就形成了和城乡之间类似的情况：经济水平较高、教育资源相对丰富的大城市录取分数线比较低、录取率比较高，而经济发展滞后、教育资源相对不足的地区往往又是高考的生源大省，这些地区录取分数线较高、录取率较低，二者之间的矛盾越来越突出。同样是中华人民共和国公民，同样拥有接受高等教育的权利，然而由于出身的地域不同，即使同样的一份高考试卷，录取分数上就有几十分到一百多分的差距，对于同时参加了高考，分数线却偏高的地区的考生是极大的不公平。

我们根据一些调查资料作了一些计算，我国中部、长江流域地区的一些省份，如江苏、湖北、四川，还算是教育、尤其是基础教育的大省，而他们的考生进入高等院校，特别是重点高等院校的机会只有北京或者上海考生的1/25。也就是说，同样一名学生，如果他在北京高考的话，那么他上重点高校的机率就比在四川高考要大了25倍。这种差距实在太大了，入学机会的不公平，也必将导致高考移民的现象。

从现实的意义上来讲，这种制度等于剥夺了部分地区的学生们接受高等教育的机会，这显然有悖于高等教育考试公正、教育公平原则。近年来，高考制度不断改革，部分省市自主命题也是一种尝试。

2008年全国高考有16个省市自主命题，它们是上海、北京、天津、重庆、辽宁、江苏、浙江、安徽、福建、江西、山东、湖北、湖南、广东、四川、陕西，这些考生人数约占全国考生总数的2/3。自主命题表面上缓和了各地区高考录取分数差别，录取名额差别的问题，但是，实质上地区间高等教育机会均等问题并没有得到解决，自主命题的结果掩盖了高考分配招生指标作法导致的区域不公平问题的本质。高考制度不改革，高考移民、异地借考等现象是不可避免的。"高考移民""异地借考"等问题，已经成为高等教育领域内的社会热点问题。

2.高等学校的毛入学率

高等学校毛入学率是反映高等教育发展状况的一个重要标志。到2007年我国高校的毛入学率已超过23%，高等教育步入了大众化阶段，整体来看，高等教育的发展也呈现加速发展的态势，但具体来看，省际之间存在着很大的差距，西部省份高等教育很大一部分还远远不能达到这一目标，甚至还处在"精英教育"阶段。目前我国高等教育从发展规模上看，经济发达地区与落后地区之间的绝对差异不仅没有缩小，还有扩大的趋势，真正实现高等教育大众化，不仅是数量上满足指标的要求，同时质量上应有提升。2009年全国高等教育总规模3000万人，毛入学率超过25%。

2010年全国高考报考人数总计大约946万人，计划招生657万人，北京的录取率为84.6%，上海为85%，这些都反映了高等教育的地区差异。

表5-3　2009年各地区的高等教育毛入学率

地区	报名人数（万人）	毛入学率
江苏	54.6	40%
安徽	57.2	25%
天津	7.65	60%
上海	8.3	60%
北京	10.1	59%
山东	70	26%
河北	55.9	23%
吉林	19.7	35%
陕西	40.5	20%
广东	64.4	28%
重庆	19.6	30%
山西	36	28%
湖南	50.8	25%
福建	30.5	25%
江西	35	25%
辽宁	26	38%

地区	报名人数（万人）	毛入学率
四川	50	25%
湖北	51.95	24%
甘肃	28.6	20%
海南	5.78	20%
青海	3.6983	21%
内蒙古	24.6	25%
广西	30.2	17%
新疆	18	22%
河南	95.9	23%
黑龙江	23	30%
西藏	1.36	22.4%
浙江	32.4	45%
贵州	24	15%
云南	22	18%
宁夏	5.8	25%

数据来源：根据大庆广播电视大学商江《浅谈中国各省市自治区2010年高等教育毛入学率对比》整理获得。

如表5-4所示2008年全国各地区每10万人中的高校在校生人数，所占比例较高的北京6750人、天津4534人、上海4371人、湖北2724人，而西部的云南1174人、青海1033人、贵州仅969人。东西部的最高差距在7

倍左右。①

我们还可以从各地区每10万在校大学生的比例角度看地区差异。

表5-4　2008年全国各地区每10万人高校在校生人数统计

排名	地区	每10万人口高校在校生数	排名	地区	每10万人口高校在校生数
	全国	2042	16	福建	1937
1	北京	6750	17	广东	1821
2	天津	4534	18	河北	1811
3	上海	4371	19	海南	1800
4	湖北	2724	20	甘肃	1687
5	陕西	2880	21	宁夏	1610
6	江苏	2679	22	内蒙古	1650
7	辽宁	2621	23	四川	1637
8	吉林	2659	24	安徽	1658
9	浙江	2324	25	河南	1648
10	黑龙江	2352	26	新疆	1414
11	江西	2062	27	广西	1352
12	重庆	2192	28	西藏	1279
13	山东	2071	29	云南	1174
14	山西	1979	30	青海	1033
15	湖南	1966	31	贵州	969

资料来源：《中国统计年鉴2009》

---

① 国家统计局. 2008年中国教育经费统计年鉴. 北京: 中国统计出版社, 2009.

（三）资助政策与高等教育机会均等

改革开放以来，随着经济结构的改变，我国的社会结构也正发生着深刻的变化，由原来的"两个阶级、一个阶层"的"二元结构"社会向一种多元化阶层分化发展。

在《2009年中国大学生就业报告》一书中"将大学生的家庭所处的社会阶层划分为12类：国家与社会的管理者、企业经理人员、私营企业主、专业与技术人员、办事人员、个体商户、商业服务员工、产业工人、从事农业的劳动者、农民工、城乡无业失业人员、已退休人员。麦可思将这12类社会阶层聚类为五大类社会阶层，即管理阶层（包括国家与社会的管理者、企业经理人员、私营企业主）、产业与服务业员工（包括个体工商户、商业服务员工、产业工人）、专业人员（包括专业与技术人员、办事人员）、农民与农民工（包括从事农业的劳动者、农民工）和无业与退休（包括城乡无业失业人员、已退休人员）"[①]。也有学者指出："我国的社会群体分化过程，已经演化出了十大阶层。"[②]教育中的阶层差距，是社会阶层差距在教育领域的延伸。从中外各国教育发展来看，高等教育具有选择性，因此，高等教育个人权利的实现，并不完全取决于个人，受社会共同因素的影响，所属社会阶层所占有的社会资源和条件对个人高等教育权利的实现有间接影响，一般来说拥有更多经济资本、社会资本和文化资本的优势阶层子女在享受教育和接受高等教育上占有优势，而低社会阶层的子女则处于劣势，这是一个基本现象。因此，社会各阶层接受高等教育的机会、接受高等教育的层次、接受高等教育的质量都出现了较大的不同，20世纪90年代以来，高校学生的阶层背景发生了新的变化。一系列研究显示，随着社会转型过程中城乡差距、贫富差距的逐渐拉大，教育制度作为社会分层的机制逐渐突

---

① 2009年中国大学生就业报告[R]. 社会科学文献出版社，2009：187.

② 陆学艺. 当代中国社会流动[M]. 北京社会科学文献出版社，2004.

显，高等学校学生的阶层差距有扩大趋势。

社会分层是社会结构中的一种现象。社会分层的实质是由于社会上在社会资源分配中有不均等的现象形成的，也就是说不同社会群体或者不同社会阶段在占有资源上、在社会发展的机会上、在社会地位和影响力方面是有差别的。一般认为社会分层包括社会分层结构和社会流动两个方面，德国社会学家马科斯·韦伯认为分层理论在社会理论中具有代表性。

在我国高考制度的发展上，高等学校的录取标准不同时期有不同的要求。新中国成立初期，招生的政治标准要求成为招生的重要条件。因此，出身好成了上大学的条件，这时工农子弟的子女上大学的机会就多一些，录取的学生中工农子弟占三成左右。1977年恢复高考之后，特别是改革开放以后，分数面前人人平等，这时社会上优势阶层、知识背景的阶层、城市阶层的子弟成为生源的主体。近几年高考政策不断调整，保送政策、高学费的政策使社会优势阶层的子弟有了更多的入学机会，而由于基础教育薄弱，对农民阶层和一些社会底层的子女越来越不利。

下图是各类型院校毕业生家庭五大类社会阶层分布：

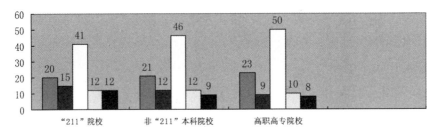

图5-1　各类型院校毕业生家庭五大类社会阶层分布

资料来源：麦可思—中国2008届大学毕业生求职与工作能力调查，http：//www.mycos.com.cn

可见，就读"211"院校与非"211"本科、高职高职专的比例，专业人员的子女是1.5∶1.13∶1，管理阶层家庭的子女是1.67∶1.33∶1，农民和农民工的子女是0.82∶0.92∶1，农民和农民工子女就读高职高专比例明显高于其就读于"211"院校的比例。

来自五大类家庭阶层的2008届各种类型院校毕业生的高考分数：

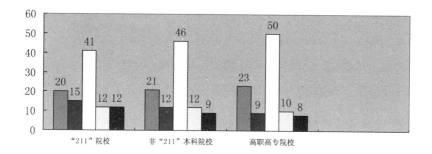

图5-2　五大类家庭阶层的2008届各种类型院校毕业生的高考分数

资料来源：麦可思——中国2008届大学毕业生求职与工作能力调查，http：//www.mycos.com.cn

无论是在哪一类高校，农民与农民工子女的高考录取分数是最高的，农民与农民工子女还不能在分数上与社会其他阶层公平竞争，加上农民与农民工子女的基础教育条件差，录取的偏高分数和基础教育的低质量可能造成了农民与农民工子女在享有高等教育质量上的弱势地位。

不同家庭阶层的大学毕业生就业率及高考分数：

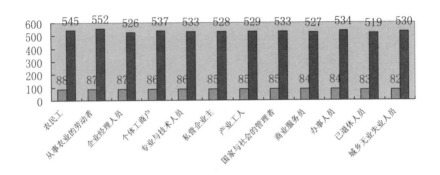

图5-3　不同家庭阶层的大学毕业生就业率及高考分数

资料来源：麦可思——中国2008届大学毕业生求职与工作能力调查，http：//
www.mycos.com.cn

　　存在低就业数量的弱势家庭阶层。无业与失业人员家庭的子女就业
率最低，而其高考分并不低于其他就业率较高的家庭子女，来自无业与
失业人员家庭的毕业生需要得到更强的就业服务。

　　通过以上资料，我们可以得出如下结论：就读重点大学或者公立本
科院校的学生中，来自社会上层家庭的较多。诸如，社会管理者家庭、
专业技术人员家庭、私营企业主等具有优势资源或者优势地位的家庭，
而就读于一般院校或者民办院校、高等职业院校的学生中，多数家庭处
于社会阶层较低的家庭即产业工人、农民以及商业服务员工等家庭。在
就读专业方面优势家庭的子女大多就读于热门专业，这些专业就业形势
较好，回报率也较高，而处于弱势地位家庭的子女，大多就读于冷门专
业，这些专业竞争程度较弱，学费较低，或者减免，就业回报率不高。

（四）法律保障与高等教育机会均等

　　《中国妇女发展纲要（1999—2000）》妇女是创造人类文明和推动
社会发展的一支伟大力量，妇女的发展水平是社会发展的重要标志，也
是衡量社会进步的尺度。

中华人民共和国宪法规定："妇女在政治的、经济的、文化的、社会的和家庭的生活等方面享有同男子平等的权利。"①

1.在校生规模

接受教育，尤其是接受高等教育，是衡量女性社会地位的重要标志。我国从1905年华北协和女子大学诞生，至今，女性高等教育经历了从缓慢发展到今天的快速发展，取得了令人瞩目的成绩。当然，与男性相比，女性在高等教育中仍处在不利的地位，表现在入学机会、专业分布、教育层次、就业等方面处于弱势地位。以下从男女两性的角度考察高校入学机会中的性别平等问题。

下表为2008年各地区按性别和受教育程度分布的人口：

本表是2008年全国人口变动情况抽样调查样本数据，抽样比为0.887‰。

表5-5　　2008年各地区按性别和受教育程度分布的人口

	大专以上人口数	男	女
全国	74175	41558	32619
北京	3986	2062	1923
天津	1501	779	722
河北	2818	1548	1270
山西	2092	1037	1055
内蒙古	1539	847	692
辽宁	4128	2157	1970
吉林	1793	971	821
黑龙江	1980	1070	910
上海	3707	2036	1670
江苏	4621	2664	1959

① 《中华人民共和国宪法规定》.[M].北京:中国法制出版社,第二版.2005,11

	大专以上人口数	男	女
浙江	4148	2362	1786
安徽	2063	1270	795
福建	1774	1067	706
江西	2309	1353	957
山东	4369	2532	1837
河南	3703	1988	1715
湖北	3965	2134	1832
湖南	3519	2198	1320
广东	5667	3224	2442
广西	1308	756	552
海南	407	273	134
重庆	1019	522	498
四川	3038	1704	1335
贵州	1108	661	446
云南	1334	912	422
西藏	41	19	22
陕西	2802	1547	1254
甘肃	999	575	424
青海	347	195	152
宁夏	390	218	171
新疆	1699	878	821

资料来源：《2009年中国统计年鉴》

根据2009年人口统计，全国男性人口是68357万，女性人口是64445万，而高校在校生中男性多于女性，此现象说明，接受高等教育人口中，男性比女性的比例要大，与世界发达国家相比，我国女性接受高等教育比例仍然偏低，只相当于中等发达国家水平。

表5-6　为女性在不同层次高等教育中所占有的比例

	在校学生数	女学生占学生总数的比重（%）
研究生	1283046	45.67
博士	236617	34.70
硕士	1046429	48.16
普通本专科	20210249	49.86
本科	11042207	48.15
专科	9168042	51.92
成人本专科	5482949	52.33
本科	2352832	52.96
专科	3130117	51.85
在职人员攻读博士硕士学位	393816	32.83
网络本专科	3558950	49.51
本科	1446709	51.02
专科	2112241	48.47

资料来源：《2009年中国统计年鉴》

通过表5-6我们可以看出，受教育的层次越高，女性所占的比例越小。

新中国成立以来，随着我国政治经济的发展、人们观念的变化，我国妇女接受高等教育的意识明显增强，接受高等教育的人数有了显著增加，但受传统观念、经济基础、政策偏差的影响，妇女在接受高等教育的机会方面处于弱势，有很大的改善空间。

有资料显示，到1989年为止，全国文盲约2.3亿人，其中妇女竟占7成。女性文盲率明显较高，同时在基础教育阶段，农村女童的入学率低、辍学率高已经成为我国普及九年制义务教育的突出问题。义务教育阶段的女性接受教育情况的差异，导致了高等教育女性入学机会人数的减少。

"联合国1995年公布的统计数据，表明1994年世界高等教育中女性所占比例平均为47%，其中美国55%，俄罗斯86%，加拿大55%，法国55%，巴西53%，日本44%。"[①] "2006年我国高等学校在校生中女性比例为48.6%，这个比例已接近中等发达国家水平。"[②] 仍然低于世界发达国家水平。

我们从有关调查结果看到，在农村，男性进入大学的比例要比女性高得多，这一情况说明了我国农村女性接受高等教育的机会是偏低的。另外，在城市女性与男性接受高等教育的机会也有差异。

2.女性在就读专业和层次上有差别

由于传统观念和招生政策的原因，女性在高等学校的专业分布是不平衡的。目前，在我国高等学校中呈现出男性理工科多，女性文科多的特点，由于女性极少就读理工科，因此，理工科领域内女性人才较少，影响了女性在高科技领域的发展。我国的教育法律、法规均规定男女入学机会平等，但现实中还存在各种各样的不公平现象，明显存在对女性的歧视。一些高校明里暗里在录取中优先录取男生，有些学校明确招生的性别规定。2007年，中国医科大学招收的七年制各专业本硕连读的学生中，法医专业只招男生，护理专业只招收女生。同年在中国民航学院的招生简章中明确规定，电气工程及其自动化专业、电子信息工程专业、飞行器动力工程专业、电子信息工程专业、交通工程专业只招男

---

① 马万华. 发展与参与: 女性高等教育中的问题[J]. 河北师范大学学报, 2001（7）: 82.

② 2009—2010年中国女性生活状况报告[M]. 北京: 社会科学文献出版社, 2010.

生。目前我国的军事院校中指挥、工程、军事技术方面的专业大多以招男生为主，在就业方面也偏爱男生。

表5-7　清华大学2009级新生各院系男女比例

系别	男生	女生	总计	男女比例
机械系	92	4	96	23∶1
计算机系	136	10	146	13.6∶1
工物系	147	20	167	7.35∶1
软件学院	51	7	58	7.28∶1
航院	89	13	102	6.84∶1
自动化系	121	18	139	6.72∶1
电子系	221	36	257	6.13∶1
理学院	173	33	206	5.24∶1
精仪系	125	25	150	5∶1
水利系	76	19	95	4∶1
土木系	95	24	119	3.95∶1
热能系	75	19	94	3.94∶1
化学系	57	15	72	3.8∶1
电机系	92	25	117	3.68∶1
材料系	73	21	94	3.47∶1
汽车系	69	21	90	3.28∶1
化工系	81	36	117	2.25∶1
工业系	38	23	61	1.65∶1
生医系	20	13	33	1.53∶1
环境系	46	44	90	1.04∶1
建环系	15	15	30	1∶1

续表

生物系	82	85	167	0.96：1
经管学院	107	132	239	0.81：1
建筑系	42	52	94	0.80：1
新传学院	22	31	53	0.70：1
法学院	34	52	86	0.65：1
人文学院	35	54	89	0.64：1
美术学院	85	156	241	0.54：1
外语系	12	64	76	0.18：1
总计	2311	1067	3378	2.16：1

数据来源：http：//blog.sina.com.cn/s/blog-4ee63ce90100etvu.html

女性在专业的选择上有社会歧视现象，随着受教育程度的提高，女性接受教育的人数较低。社会对高学历女性仍存在偏见，致使他们在就业、生活方面存在一些障碍，因此也影响了女性努力获得高学历的积极性。

（五）民族区域发展与高等教育机会均等

民族平等是宪法平等的重要内容，少数民族受教育平等是民族平等的反映。

表5-8 近三年少数民族考生占全国高考报名及录取人数的比例

（单位：百分比）

	汉族考生 占报名比例	少数民族考生 占报名比例	汉族考生 占录取比例	少数民族考生 占录取比例
2003	93.02	6.98	93.14	6.86
2004	92.57	7.43	92.70	7.30
2005	92.83	7.17	92.75	7.25

资料来源：苟人民.高等教育领域的平等权问题研究[D].吉林大学，2006：62.

新中国成立以来，我国高考制度中一直有少数民族的照顾政策，国家对少数民族的教育也加大了投入，少数民族教育事业得到了较大的发展。但是从以上的资料看，我们仍然可以看到，从少数民族考生占少数民族总人口的比例少数民族的报考人数、录取比例比汉族考生的比例要低。据有关调查显示，少数民族进入重点大学的比例与少数民族人口比例相比也较低，由于少数民族地区大多在相对落后地区，经济发展也不够好，因此基础教育薄弱，应加强少数民族基础教育，提高少数民族学生接受高等教育的机会。

"2000年普通高校少数民族学生所占比例为5.71%，2002年为5.99%，2005年为6.1%，而2005年按1%人口抽样推算的全国少数民族人口为12333万人，占全国总人口的比例是9.44%，且在校生同类数据在1990年为6.0%，1995年为6.%，总体上还有所下降。"[①]

二、高等教育资源配置对高等教育公平的影响

由于我国高等教育发展不平衡，加之国家重点投入、重点支持政策，使高等学校的资源配置也呈现出不平衡现象，重点大学与一般院校相比，在师资力量、教学条件、实验设备、教学投入等方面有绝对优势。这造成了不同层次高等院校学生享有不同的高等教育资源，致使高等教育在教育过程中的不公平。

教育过程中的平等，要求在教育过程中观念上能够平等地对待每个人，在方法上能够因材施教，也就是要求学校或者教师给每个学生提供相同的教育条件和教育机会，也就是说在各种物质设施、师资水平、实验条件、图书册数等客观方面提供相同的条件。另一方面，教师在教学过程中包括课程设计、教育教学方法、评价手段以及评价结果等方面，对待家庭背景、文化水平、性格差异、教养程度、性别等不同者以平等的待遇。

---

① 苟人民.高等教育领域的平等权问题研究[D].吉林大学，2006：63.

（一）公共财政政策与高等教育公平

在我国现行高等教育体系之中，高等学校一般分为中央部门所属与省所属的两大类院校，从办学条件、资金投入、生源质量等方面比较，中央部门所属院校明显好于一般的省属院校。目前，在我国高等教育发展薄弱的地区有十几个省没有中央部门所属的重点高校。

1.高等教育资源的布局不合理

在我国的经济发展中，呈现出东部发达，西部相对落后的现状。因此，在高等教育领域的体现也是东部强、西部弱。表现在高等学校的数量、规模、质量、结构和效益等方面差别较大；西部地区的高校办学水平、办学效益、办学质量均低于全国平均水平；高校的区域分布不合理，发展不平衡的现象仍然十分突出。

政府公共政策的不同取向和偏差，往往会加剧现实中区域、城乡、学校之间的教育资源配置的不均衡，这是造成教育发展不均衡的制度性因素。

表5-9　各地区的人口数量及高等学校数量

地区（省份）	人口数量（万人）	高等学校数量
全　国	132802	2263
北　京	1695	85
天　津	1176	55
河　北	6989	105
山　西	3411	69
内蒙古	2414	39
辽　宁	4315	104
吉　林	2734	55
黑龙江	3825	78
上　海	1888	66

续表

地区（省份）	人口数量（万人）	高等学校数量
江 苏	7677	146
浙 江	5120	98
安 徽	6135	104
福 建	3604	81
江 西	4400	82
山 东	9417	125
河 南	9429	94
湖 北	5711	118
湖 南	6380	115
广 东	9544	125
广 西	4816	68
海 南	854	16
重 庆	2839	47
四 川	8138	90
贵 州	3793	45
云 南	4543	59
西 藏	287	6
陕 西	3762	88
甘 肃	2628	39
青 海	554	9
宁 夏	618	15
新 疆	2131	37

数据来源：《2009年中国统计年鉴》

从以上表格我们可以看出，高等学校布局的基本情况是：东部发达地区高校数量多，在校生规模大，生源质量也较高，办学效益较好。而西部不发达地区高校数量少，规模相对小，生源质量也不如东部重点大学，办学效益有待提高。

2.重点大学分布不均衡

我国政府为了尽快缩小与发达国家高等教育的差距，在教育资源的配置上采取了重点倾斜的政策，从20世纪90年代开始，先后实施了"211工程""985工程"，重点建设和扶持了一批高等院校，希望借此提高我国高等教育质量，提高办学水平和办学效益，一定程度上促进了我国高等教育整体水平的提升，但是，由于"211工程""985工程"资源区域分布的不均衡，这也形成了高等教育资源分配中穷者愈穷，富者愈富的"马太效应"，加剧了不同区域的高校之间的不公平竞争。[①]

截至2008年全国共有108所"211工程"重点建设高校，按地区分布如下表所示：

表5-10 "211工程"建设高校地区分布一览表

地区	数量（所）	地区	数量（所）	地区	数量（所）
合计	111	浙江	1	重庆	2
北京	26	安徽	3	四川	5
天津	3	福建	2	贵州	1
河北	2	江西	1	云南	1
山西	1	山东	3	西藏	0
内蒙古	1	河南	1	陕西	7
辽宁	4	湖北	7	甘肃	1
吉林	3	湖南	3	青海	0

[①] 叶茂林,肖念.中国高等教育热点问题述评[M].北京:科学出版社,2007: 95.

续表

地区	数量（所）	地区	数量（所）	地区	数量（所）
黑龙江	4	广东	4	宁夏	0
上海	9	广西	1	新疆	1
江苏	11	海南		军事系统	3

　　我们从"211工程"建设学校的分布情况看，东部地区重点建设学校的数量明显高于西部重点建设学校的数量。其中北京、江苏、上海等几个地区数量较多，而西部青海、西藏、宁夏则没有重点建设的院校。高等教育的发展很不平衡。

　　我们再看看"985工程"学校的情况，"985工程"是1985年5月4日在庆祝北京大学建校100周年大会上，江泽民总书记说："为了实现现代化，我国要有若干所具有世界先进水平的一流大学。"教育部实施"面向21世纪教育振兴行动计划"中，重点支持北京大学、清华大学等部分高等学校创建世界一流大学和高水平的大学，简称"985工程"。目前，"985工程"的学校有39所，这39所高校的地区分布如下：

表5-11　"985工程"建设高校地区分布一览表

地区	数量（所）	地区	数量（所）	地区	数量（所）
合计	39	浙江	1	重庆	1
北京	8	安徽	1	四川	2
天津	2	福建	1	贵州	0
河北	0	江西	0	云南	0
山西	0	山东	2	西藏	0
内蒙古	0	河南	0	陕西	3
辽宁	2	湖北	2	甘肃	1
吉林	1	湖南	3	青海	0
黑龙江	1	广东	2	宁夏	0

地区	数量（所）	地区	数量（所）	地区	数量（所）
上海	4	广西	0	新疆	0
江苏	2	海南	0		0

资料来源：中国教育和科研计算机网

从我国重点建设的"985工程"大学的分布情况，我们可以看出，经济发达地区与经济相对落后地区高校的数量差距较大，优势的经济条件促进了优势高等教育的发展，而经济相对落后地区无法提供经济发达地区的条件。因此，形成了"强者恒强，弱者恒弱"的局面。重点建设的高等学校，其办学水平和办学实力较强，为我国高等教育的发展起到了促进和示范作用，对促进经济发展和社会建设做出贡献，也促进了我国高等教育体系的形成，促进了高等教育机会均等。但这一发展模式也加剧了高等学校的区域差别，高等教育公平也受了影响。

3.高等教育结构、层次不合理、缺乏特色

社会对人才的需求是多样化的，是多层次的。因此，高等教育培养多样化的多层次人才，才能符合社会经济发展，高等教育才有效率。同时，高等学校规模、层次、资源分布合理，也是高等教育质量提高的前提。

目前，我国高等学校的情况是高等学校分布不平衡，发展不均衡，同时高等教育层次结构程度也不合理。

表现在：（1）各层次的比例不合理。我国高等教育发展过程中有片面追求高层次的倾向，因而研究生、本科生、专科生规模比例失调。这种情况造成了高等教育不能满足产业结构和就业结构对不同层次人才的需求，造成了高校毕业生学位与工作岗位错位现象，事实上形成了人才浪费的现象。高等教育发展应该适应经济发展规律。新中国成立以来我国高等教育发展取得了显著成绩，也促进了高等教育公平。但是我国高等教育在办学层次、办学方向、办学模式等方面缺乏明确的目标定位，高等教育特色也不鲜明，高校布局层次分布不合理，发展也不均衡。因此，影响了高等教育功能的实现，影响了高等教育质量的提高。

（2）我国高等学校在培养目标上，各院校相差无几，缺乏特色。课程设置雷同，培养方式单一，教学过程相同。同时，在整个高等教育系统内，研究生教育创新不足，本科教育基础不扎实，专科教育实践能力不强。各层次院校均有一味追求大而全、争先恐后大干快上的倾向，工作不扎实。

在整个高等教育中弥漫着浮躁的气氛，这与政府和社会公众的期待有关，更与政府的不切实际的政策有关。因此，高等教育应该在质量上下功夫，否则建设世界一流大学仍是梦想。

（二）地区经济发展与高等教育公平

1.师资力量存在地区差异

师资队伍的水平决定了高等学校的教学水平。因此，加强师资队伍的建设，提高师资队伍的水平，是各高校的重中之重，也是高等教育质量保证的根本。由于区域发展不平衡，经济发达地区与相对落后地区对教师的吸引与稳定有明显优势。通过下面表格我们可以看出不同地区师资队伍存在差别。这种差别影响了高等学校学生接受高等教育的质量上的差别，是一种高等教育的不公平。

表5-12　2008年各地区普通高等学校教职工情况（单位：人）

省份	专任教师	正高级	副高级	中级	初级	无职称
江苏	96267	8981	25976	35814	21135	4361
山东	87432	8497	23814	30000	21246	3875
广东	69223	7365	18333	23981	12811	6733
北京	55909	10816	18275	20198	4424	2196
河北	55125	6227	15180	17951	11769	3999
辽宁	53495	6836	16567	18602	10062	1428

续表

省份	专任教师	正高级	副高级	中级	初级	无职称
浙江	47795	5238	13566	18548	7754	2689
上海	36854	5699	10675	14612	4157	1711
福建	33637	3135	8514	10730	9211	2047
天津	26121	3522	8316	8590	4774	919
广西	27545	2082	7067	10058	5510	2828
海南	6653	551	1451	1902	1890	859
湖北	70617	7707	20623	23380	14402	4505
河南	64889	4718	16767	22849	16750	3805
湖南	57651	5660	16237	20575	12001	3178
江西	47510	3824	11928	15509	12622	3627
黑龙江	41613	5461	12162	12653	9330	2007
安徽	43624	3038	11021	16143	10436	2986
吉林	32539	4181	9510	10345	7302	1201
山西	34885	2415	9042	11646	9046	2736
内蒙古	20946	1545	6106	6637	4967	1691
四川	59147	5559	15022	21976	13530	3087
陕西	53740	6146	14352	19487	11213	2542
重庆	28398	2632	7892	11573	4915	1386
云南	23276	2200	6438	8364	5089	1185
甘肃	18581	1631	5121	6528	4027	1274
贵州	18037	1424	5251	6971	3246	1145
新疆	15775	855	4330	6678	2813	1079
宁夏	4915	498	1459	1626	1027	305

续表

省份	专任教师	正高级	副高级	中级	初级	无职称
青海	3368	446	1283	1011	448	180
西藏	1877	77	421	704	413	262

资料来源：《2009年中国统计年鉴》

2.教育经费投入不足，地区差距较大

我国高等教育投入不足是制约高等教育发展的根本性因素。世界各国对高等教育的投入，平均水平是占GDP的4.9%，而我国确定的标准是4%，这一标准低于世界平均水平，但仍然没有达到。从2000年到2009年10年间，以4%的比例为标准，国家财政性教育经费支出10年累计欠账已达16843亿元。

为了扩大内需，拉动消费，2008年中央实行"4万亿"刺激经济计划，我们还没有教育投入的具体数据，但根据国家发改委的清单，这项投资计划用于医疗卫生、教育文化等社会事业方面的为1500亿元，占总额的 3.75%，并且有限的教育方面支出大多投向学校基建、义务教育教师绩效工资方面，教育投入的方面就很少，而用于铁路、公路、机场等基础设施方面的投是15000亿元，占37.5%。

可见教育的优先发展还没有得到切实贯彻。

表5-13　2004年生均预算内教育经费拨款地区差异比较（单位：元）

年均预算内教育经费拨款（全国平均5393元）	较高水平地区	北京（18562）、上海（13418）、天津（8811）、西藏（8759）、广东（8419）、浙江（7170）、福建（6989）、宁夏（6352）、云南（5961）、青海（5711）
	中等水平地区	辽宁（5206）、江苏（4809）、吉林（4506）、山西（4494）、甘肃（4407）、内蒙古（4360）、重庆（4329）、黑龙江（4296）、广西（4015）
	较低水平地区	河南（3671）、山东（3654）、贵州（3387）、陕西（3285）安徽（3218）、新疆（3172）、海南（3089）、河北（2867）、湖南（2639）、湖北（2607）、四川（2582）、江西（2523）

数据来源：杜建芳.我国高等教育经费地区差异问题分析[J].价格理论与实践.33页

表5-14　2004年生均事业收入地区差异比较（单位：元）

生均事业收入包含学杂费收入（全国平均5571元）	较高水平地区	浙江（8945）、上海（8347）、广东（7687）、北京（7467）、黑龙江（7018）、湖北（6575）、重庆（6208）、辽宁（6136）、湖南（6089）、天津（5959）、山西（5954）
	中等水平地区	陕西（5748）、江苏（5747）、江西（5739）、吉林（5501）、山东（5471）、河北（5277）、四川（5223）、福建（5094）、海南（4995）、安徽（4991）
	较低水平地区	甘肃（4971）、新疆（4897）、广西（4732）、云南（4651）、西藏（4474）、河南（4411）、贵州（3799）、宁夏（3671）、内蒙古（3608）、青海（3342）

数据来源：杜建芳.我国高等教育经费地区差异问题分析[J].价格理论与实践.33页

有资料表明："2004—2005年高等学校生均预算内教育经费情况，北京、上海两地生均教育经费为13365元/年，是四川、新疆两省的5.8倍，是湖北、江西两省的5.5倍。"

从以上资料我们可以看出东西部地区教育经费差距是明显的。

在我国高等学校中，东西部教育经费投入是不同的。因此，西部高校的硬件条件明显低于全国平均水平，影响了教育教学质量。

三、法律制度对高等教育结果公平的影响

2011年3月3日，《法制日报》记者采访全国政协委员、南开大学法学院副院长侯欣一，他说："今年两会，我准备就制定反就业歧视法提交提案。"并表示，减少和消除就业歧视，需要一部强有力的法律作为支撑。在大学生就业中，性别、身高、相貌、年龄，任何一项不符合要求，都有可能成为一些人求职路上的"拦路虎"。

由中国政法大学宪政研究所作的一项名为"当前大学生就业歧视状况的调查"显示，有54.05%的大学毕业生认为自己在求职过程中遭遇到

就业歧视。可见，就业不公平广泛地存在于大学生的就业之中。

学者们研究得出结论：教育结果是由多种因素形成的。因此，也是一个纵向不公平过程的累积。社会个体接受高等教育后的收入能力与家庭的阶层地位和父母的社会地位密切相关，父辈所在阶层的社会资源、文化资源、经济资源等方面成为优势家庭子女就业的优势条件。一般认为，社会上优势家庭子女接受完高等教育后，利用家庭的社会资源能够较为容易、也较为成功地找到较为优越的职业，其职业地位和薪金收入与一般家庭子女就业的情况相比处于优势地位。一个家庭所处的社会阶层对子女受教育水平、受教育质量、专业选择，有着重要的影响。因此，形成了不同阶层家庭子女学业成就的不同、职业地位的不同。从这个意义上说，高等教育在打破现有的社会阶层代际传递，实现社会阶层合理的、良性的流动方面，还受到传统观念、现实利益、制度、规则的影响。因此，实现社会阶层良性合理流动还有很大困难。

高等教育有实现社会阶层流动的功能，是实现阶层上升的重要途径。因此，社会个体都期待接受高质量的高等教育，以使自身的条件更有优势，在社会竞争中争取优势。但社会个体的努力由于社会背景、家庭条件不同，需要付出的努力是不一样的，并且最终收获也并非是个人努力的结果。

社会个体的教育获得与其父辈的社会阶层地位和教育水平密切相关。农村家庭学生在就业机会的把握和就业去向的选择方面的劣势，使得其在报考志愿时出于家庭经济条件和录取几率的考虑而选择高校层次不高、专业一般的学校，高等教育起点的不公平影响到受教育过程的不公平，并最终导致学业结果的不公平。

我们认为，目前的就业不公平政策导致的不公平，主要有以下几种表现：

（一）户籍制度与高校毕业生就业均等

当前户籍制度已经成为社会发展的重大障碍，它影响着人们的平等就学，影响着人民的平等就业，影响着人们的生活、生存状态。户籍制度的不合理越来越受到人们的广泛关注，户籍制度急需改革。大学生就业方面存在的不公平现象是社会较为关注的现象。

如有的单位招聘大学毕业生提出要有本市户籍。几年前，中央国家机关或直属单位在招聘中明确指出，需有北京市户口，或限北京生源等等。

高等学校学生就业不公平，在高等学校学生中有强烈反映。"2009年12月5日，中国政法大学、北京大学、南开大学、武汉大学、四川大学等共计14所高校，同时开展了反就业歧视宣传活动。"①

中国青年政治学院大学生组成课题小组，就"青年就业歧视问题"进行调研。此次调查选取北京市、河北省、河南省、浙江省、重庆市5省市作为抽样范围，采用完全随机抽样的调查方法，调查内容为就业歧视存在性、就业歧视经历、歧视的内容、单位性质、行业性质、岗位性质、处理态度等7个指标。

调查结果为69%认为存在就业歧视现象。其中，经验、学历、户籍、性别、歧视最为严重。56.2%的人承认自己在求职过程中遭遇过性别、户籍、学历、专业、经验、外貌、健康等就业歧视，其中最严重的是经验、学历、性别和户籍歧视。

本次调查发现，在遭遇过户籍歧视的青年中，有57.9%是农村户口，有78.9%是非本地户口；而在北京地区的调查中，非本地户口求职遭拒的比例达到了惊人的93.9%。迁徙自由是现代文明社会的一项基本人权，这项权利在大多数国家的就业中都得到了充分的体现，但是在我国，因户籍制度而导致的升学、就业方面的不公平还相当严重。

户籍制度改革将是实现社会人才流动和就业公平的必经之路。

---

① 胡旭，闫宇，赵玉鹏，蒋骏龙，王伟，潘旭鹏. 大学生调研就业歧视"易感"群体[N]. 北京日报，2009-12-06.

（二）法律保障与高校毕业生就业均等

1.性别方面存在的不平等

《中华人民共和国劳动法》第13条："妇女享有和男子平等的就业权利，在录用职工时，除国家规定不适合妇女的工种或岗位外，不得以性别为由拒绝录用妇女或提高对妇女的录用标准。"这里明确规定了男女平等的就业权，但是在现实的人才招聘与录用过程中，女性仍然经常受到不公平的待遇。这种不公平的待遇源于传统观念、身体差异等，特别是高学历女性就业受到的困扰更多，于是出现了本科生找不到工作考研，硕士找不到工作考博的现象。

"大学生就业难，女大学生就业更难"，这句话似乎已经成为目前大学生就业的口头禅。哈尔滨商业大学的三位女大学生周婧婧、诸葛莹、刘娜就此现象进行了一次深入调研，调查范围包括高校170名女大学生、117名男大学生和20家企业，发出300余份调查问卷。

在对哈尔滨商业大学170名面临毕业的女大学生的调查中发现，有58.8%的女生表示在求职过程中遇到过由于性别原因而被用人单位拒绝的情况。在被调查的20家企业中，有12家企业表示在能力和薪水要求相同的情况下，更愿意招收男性；7家企业表示其招聘不带有性别倾向；只有1家企业表示愿意招收女性。此外，有16家企业表示其公司的高层管理者多为男性，公司中男职员的发展前景更好。

在被调查的哈尔滨商业大学16个学院中，有10个学院表示，目前为止本院女大学生签约状况普遍不如男生，而且在已签的女生中工作单位性质以事业单位、服务业、销售业居多。并且，很大一部分女生迫于就业形势的压力不得不选择报考研究生，致使女大学生选择再读的比率明显高于男生。

根除就业市场的性别歧视，促进女性就业的公平，已成为时代课题。

2.身体条件导致的不平等

2011年3月24日，中央电视台报道了安徽小吴在教师招聘中因艾滋病检测呈阳性遭拒，于是将安庆市人社局和教育局告上法庭的案例，二审法院维持了一审法院判小吴败诉的结果，引起社会的广泛关注。反歧视机构北京益仁平中心支持小吴，针对判决结果，该中心致信教育部，提出完善教师聘任制度，规范教师体检标准的建议，希望教育部对教师行业平等就业给予关注。经过多年的艰苦努力，乙肝携带者的歧视终于解决，但社会的潜规则仍然问题很多。社会上普遍嫌矮爱高，身材矮小的人在招聘中受到不公平待遇，自尊心也受到了伤害。

2006年6月26日，浙江省天台县人民法院和天台县人事劳动社会保障局在《天天天台》刊发了天台县人民法院审判保障服务中心考录聘任制书记员《考录公告》。该公告中载明：招聘任制书记员3名；招聘条件：身体健康，男身高168厘米以上，女身高158厘米以上。

用人单位在招聘工作人员时，对身高或者其他身体条件提出要求，明显对这些公民造成了歧视，是一种就业不公平，也侵犯了公民就业的平等权。

3.毕业学校导致的不平等

（1）重点与非重点的差异

"除了经常被提及的城乡就业不平等、男女就业不平等外，如今重点与非重点学校就业不平等的现象也日益突出。"需求越来越向"985工程""211工程"等重点大学集中。"如果是一般院校的学生去投简历，不少用人单位都懒得正眼瞧瞧。"为此，市政协委员、重庆师范大学党委副书记龚燕建议，不能过度地以学校名气论英雄，人为地制造"高门槛"，应重视学生本身素质。

"高校调研表明，国有企业招聘应届大学生时最为挑剔，条条框框也最多。前日，广东金融学院发布《珠江三角洲财经类人才需求状况调查报告》显示：几乎全部金融类国有企业都要求本科以上学历，超过6

成国有企业看重学校名气。"①

113个受调查财经国企中，只有2家表示会考虑招聘大专毕业生，比例不到2%，为所有用人单位中最低。比较而言，近17%的个体私营企业和8%的民营股份企业对专科类毕业生有需求。此外，政府事业单位对硕士学历的要求比例最高。

该调研历时超过7个月，主要针对广州、深圳、佛山、东莞等珠三角地区与财经相关的国家机关和企事业单位开展，涉及相关的单位491家。

62%的国有企业看重大学生的"出身"，即毕业院校的名气。比较而言，三资企业有几乎相同比例的企业并不注重学校名气，事业单位、民营股份和个体私营企业等重学校名气的，无一例外都是少数派。

广东金融学院招生就业处副处长吴斌认为，国企招聘要求高，一定程度上是合理的。他举例说，国有商业银行连招收柜员经常要求学历本科以上，这看起来是学历高消费，但国企有完善的职业发展规划，几年以后规定转岗从事管理类工作，并不是一辈子做柜员，而这需要更大的知识量。

面对越来越严重的人才高消费，不少大学生感到困惑。某职业类大专高校毕业生小吴告诉记者，到目前为止，自己与十几家国有企业接触过，但全部无果而终。"随便一个柜员、文秘岗位，都一定要本科学历，还得是名校！"他表示自己难以理解。相对而言，民营企业受到大学生的冷落，一个重要原因就是职业发展规划模糊。②

（2）公办与民办的差异

在毕业生的选择上，用人单位和社会都对公办高校有一种倾向性的认可，对民办高校的毕业生限制很多。在我国高等教育中民办学校虽

---

① 　记者张胜波，通讯员何晓华. 国企招人框框多 学生不理解[N]. 南方日报, 2010-06-06.

② 　资料来源: http://gz.job88.com/gz/info/local/21761.htm.

然经历了一定的发展，但由于民办学校在资金、政策上存在劣势，因此，在办学条件、师资力量、实验条件等方面明显落后于公办学校，加之民办学校的生源又处于劣势，民办高校的教学质量受到影响，所以民办学校的毕业生就业受到了种种限制，明显存在不公平问题，一些用人单位明确拒绝接受民办院校学生。民办高校在就业方面明显受到不公正待遇，即使有机会找到工作岗位，民办院校的学生也被称为"二等公民"。有专家研究表明，民办院校毕业生的就业环境较差，就业要求较低，其社会地位、薪资水平也较低，社会保障方面也低于公办学校毕业生，造成了民办高校毕业生心理的巨大压力。

参考文献

[1] 本书编写组. 中共中央关于加强党的执政能力建设的决定 [M]. 北京：人民出版社，2004.

[2] 张小红. 国内外教育公平主要领域的比较研究 [J]. 景德镇高专学报，2009.

[3] 汪立琼. 高等教育公平研究综述 [J]. 江苏高教，2006（3）.

[4] 刘复兴. 我国教育政策的公平性与公平机制 [J]. 教育研究，2002（10）.

[5] （古希腊）柏拉图. 国家篇 [M]. 王晓朝，译. 北京：人民出版社，2003.

[6] 金龙. 教育公正新解 [D]. 华东师范大学，上海，2006.

[7] 陈少峰. 正义的公平 [M]. 北京：人民出版社，2009.

[8] 张宝山. 姜德则. 教育公平问题之探索（上）[J]. 科教文汇，2007（1）.

[9] （瑞典）托尔斯顿·胡森. 学校和社会政策的目标. 国外教育社会学基本文选 [C]. 上海：华中师范大学出版社，1989.

[10] 杨德君. 高等教育学概论 [M]. 上海：上海交通大学出版社，1991.

[11] 潘懋元，肖海涛. 改革开放30年中国高等教育思想的转变 [J]. 武汉：高等教育研究，2008（10）.

[12] 叶立群. 教育学原理 [M]. 福州：福建教育出版社，1998.

[13] 夏征农. 辞海 [M]. 上海：上海辞书出版社，1989.

[14] 薛天祥. 高等教育学 [M]. 桂林：广西师范大学出版社，2001.

[15] 劳凯声. 高等教育法规概论 [M]. 北京. 北京师范大学出版社，2000.

[16] 田正平，李江源. 教育公平新论 [J]. 清华大学教育研究. 2002（1）.

[17] 万军. 公平社会建设 [M]. 北京: 国家行政学院出版社, 2013.

[18] 石中英. 教育机会均等的内涵及其政策意义 [A]. 教育公平与和谐社会建设学术研究论文集 [C]. 北京: 北京理工大学, 2006.

[19] (美) 杜威·民主主义与教育 [M]. 王承绪, 译. 北京: 人民教育出版社, 1990.

[20] (美) 库利. 社会过程 [M]. 洪小良, 等译. 北京: 华夏出版社, 1999.

[21] 魏峰. 正义的教育政策: 社群主义的视角 [J]. 比较教育研究, 2008 (3).

[22] (美) 卡利尼克斯. 平等 [M]. 徐朝友, 译. 南京: 江苏人民出版社, 2003.

[23] 钱民辉. 教育社会学: 现代性的思考与建构 [M]. 北京: 北京大学出版社, 2004.

[24] 杨东平. 中国教育公平的理想与现实 [M]. 北京: 北京大学出版社, 2006.

[25] 丁钢. 创新: 新世纪的教育使命 [M]. 北京: 教育科学出版社, 2000.

[26] 刘宝存. 世界高等教育的个性化趋势述评 [J]. 清华大学教育研究, 2000 (04).

[27] 王秉琦, 贾鹏. 教育结果公平: 大学永恒的追求 [J]. 中国高等教育, 2009 (23).

[28] 金生铋. 保卫教育的公共性 [J]. 教育学, 2007 (8).

[29] 顾建光. 现代公共管理学 [M]. 上海: 上海人民出版社, 2007.

[30] Samuelson, Paul A. The Pure TheoryofPublic Expenditure. Review of Economic and Statistics, 36, November, 1954.

[31] 杨昌勇, 郑淮. 教育社会学 [M]. 广东: 广东人民出版社, 2005.

[32] 杨光斌. 政治学导论 [M]. 北京: 中国人民大学出版社, 2004.

[33] 洛克. 政府论 (下篇) [M]. 北京: 人民出版社, 1999.

[34] 陈彬. 论中国高等教育公平的价值追求与政策抉择 [J]. 华中师范大学学报 (人文社会科学 版), 2003, 42 (2).

[35]李军鹏. 公共 服务型政府[M]. 北京, 北京大学出版社, 2004.

[36]陈平: 转型中国的成就问题与选择[J]. 改革内参, 2007(1).

[37]邓正来, 郝雨凡. 转型中国的社会正义问题[M]. 桂林: 广西师范大学出版社, 2013.

[38]刘复兴. 政府的基本教育责任: 供给"公平"的教育政策[J]. 北京师范大学(社会科学版), 2008(4).

[39]祝爱武. 责任与限度: 高等教育办学主体研究[D]. 南京师范大学, 2012.

[40](英)洛克. 政府论[M]. 杨恩派, 译. 江西教育出版社, 2014.

[42]刘祖云. 当代中国公共行政的伦理审视[M]. 北京: 人民出版社, 2006.

[43]张康之. 寻找公共行政的伦理视角[M]. 北京: 中国人大出版社, 2002.

[44]邓玉蓉. 实现公平正义重在有效整合利益关系[J]. 新课程(教育学术), 2008.

[45]约翰·布鲁贝克. 高等教育哲学[M]. 杭州: 浙江教育出版社, 1998.

[46]谢作栩, 罗奇萍. 闽、湘、川3省社会阶层高等教育机会均等的初步调查(全国教育科学 "十一五"规划国家重点课题阶段性研究成果) [J]. 教育与经济, 2008(3).

后　记

　　高等教育公平，是一个学术界广泛关注的问题，也是一个极为现实的社会问题。我们讨论高等教育领域的公平，就不能不谈到高等学校入学机会均等，不能不谈到资源分配的公正合理，同时，也不能不谈到高校毕业生的就业公平问题。因为高等教育入学机会均等是高等教育公平的基础，就业公平是高等教育公平发展的最终表现形式。它们都应该成为我国高等教育公平发展问题中的应有之义。现实中，高等教育的公平发展，毕竟是一个复杂的问题，它不仅是个人的大事，也是社会发展的大事，是国家和政府的大事。因为它不仅牵涉到每个受教育者的切身利益，同时也是社会发展和进步的重大问题，高等教育公平是社会和谐稳定的基础，实现高等教育公平的主要责任在政府。目前关于我国高等教育公平的研究已经较为丰富，但从政府责任角度研究高等教育公平的论述并不多见，对我国高等教育不公平产生的原因分析，集中从政府责任角度进行研究的也并不多，能系统分析高等教育公平与政府责任不同的内在联系，分析政府责任缺失的成因，并提出政府促进高等教育公平应坚持的原则及对策的就更少。

　　对这样一个重大问题，本文的研究还有许多不足之处。之后我们还要在以下几个方面做出努力：一，本文对政府责任问题的分析研究需要进一步拓展，篇幅也较少；二，本文由于数据、文献收集的大量工作做得不够，分析不够透彻，所以有些指标的选择需要进一步完善；三，本文对政府促进高等教育公平的政府责任与对策分析框架尚属初步探索当中，有待于以后在实践中不断验证和完善。所以，本文对促进高等教育公平的政府责任与对策的研究仅仅是一个开始。